U0904749

国家汉办／孔子学院总部汉语国际推广基地项目

主　编：宁继鸣
副主编：马晓乐　孙雪霄

魏晋风度

Cultural Style During Weijin Period

周广璜　王萌　著

山东大学出版社

序

宁继鸣

经过近两年的编撰修订，《中国文化读本》系列丛书终于有机会呈现在读者面前了。

《读本》的策划与实施，来源于对当前语言与文化传播的理解。当各国各民族的科技成果、生活方式通过多元化的信息传播渠道以百川汇海之势融入全球化浪潮时，世界也在倾听不同国家、民族的声音，欣赏多元文化的精彩。每一个民族和国家的语言与文化，都可能在全球化的过程中影响他人，变革自我。传统文化与现代文明、东方文化与西方文化在时间和空间的交织中对话，在国家、地区、种族的跨文化传播中交流与重构。正如全球化市场需要中国一样，全球多元文化的交流同样离不开中国，绵亘发展了五千年的中华文化同样也应该在全球化浪潮和社会需求的涌动与召唤下，逐渐走向国际舞台，展现自己的风采。

为了让中华文明的优秀成果为世界了解与共享，我国每年有相当数量的文化普及读物走向世界，这其中不乏脍炙人口的优秀作品，但从总体看，美好的愿望与现实之间仍存在很大距离。从政府到民间，众多专家和学者都在思考这个问题，并在自己的实践中寻求突破的路径。随着科学技术的不断发展，时空被压缩，网络更发达，机遇与挑战并存。应该说，语言、技术和平台本身不是难以逾越的障碍，关键是如何选择一种符合国际语境的中华文化的呈现、诠释和传播的方式。

在民族文化语境下，中华文化知识是“一元”的，但在传播过程中，这些知识被置于“多元”的文化语境，即不同国家、不同民族的文化环境下。要实现知识或信息在“一元”与“多元”之间有效传递，不发生传播的偏向，最大程度地确保不同文化背景、价值观念和思维方式的受众能够较为准确地理解和接受传播内容，需要一个语码转换的过程，需要传播主体在民族文化认知的基础上进行理性的文化选择、生动的文化呈现和恰当的文化诠释。而这种语码转换——文化选择、呈现、诠释和传播的能力，是影响文化传播效果的关键因素，也是我们的普及读物获得域外读者关注、认可所亟待解决的核心命题。

带着一种探索与尝试的心态，我们启动了《读本》的编撰工作。研发通俗易懂的中华文化优秀普及读物是国家汉办、山东大学中华传统文化研究与体验基地的建设任务之一，本套丛书也得到了国家汉办/孔子学院总部的支持。

2010年，在对海内外文化普及读物广泛调研的基础上，我们召开了《读本》编撰研讨会，很快得到国内广大专家、学者的支持与响应。参与编撰的学者多是该选题领域的专家，对选题认识深刻，积淀深厚，他们积极为《读本》编写献计献策。尽管视角不同，方法多样，形式不拘一格，但在目标上却有共识：通过自己的努力，为中国文化的精粹走向世界略尽绵薄之力。

为了实现这一目标，学者们倾注了心血和智慧，他们深厚的学养和严谨的著述态度确保了文稿内容的权威性，而为达到文化传播效果，不惜几易其稿的精神，更令我们敬佩感动。可以说，在他们的大力支持下，《读本》从无到有，迈出了关键的一步。

为了促进中国文化的世界传播，增强跨文化交流的效果，《读本》在以下几个方面作了一些尝试：

首先，关注文化选择能力。文化选择是一种意识，也是一种能力，需要传播主体建立中外文明同时空的理念，自觉地进行中外文化比较，寻找双边文化的共鸣点和契合点，在尊重外国读者文化接受心理的基础上筛选知识，诠释知识，传播知识。敢于舍弃，寻求重点、焦点内容，是必要而重要的。事实证明，平铺直叙和面面俱到的表达方式往往不能奏效。

其次，尝试采用多元文化的呈现形式。《读本》的文化呈现是多元化的。除借助浅易生动的文辞外，《读本》还配以精彩的插图，试图通过图文并茂的呈现形式，借助图片传播的特色增进文化理解。

最后，选取恰当的文化诠释方式。《读本》尽量避免学术语境，行文中贯穿着情节化、故事化的表述，夹叙夹议，可读性强，通过对故事的理解增进对文化元素内涵的认知。在叙述结构与方式方面，尝试“倒向思维”，突出中华文化生活化的比重，从当下起笔，将丰厚的文化元素发展历程作为被诠释内容的“五色土”，挖掘适宜的土壤，来培育文化传播的种子。

坦率地讲，从学术语境转向生活语境，也就是说，由学理转向普及的过程对很多人来讲都不是一个简单的转换过程，很多学者在《读本》的撰写过程中体会到了大家写“小书”的不易。中华文化的跨文化传播是一项崇高的事业，也是一个学术命题和文化现象，更是一种社会责任和民族担当，需要一代代学人和文化教育领域的工作者同心同德、群策群力。

《读本》的编撰是探索中国文化走向世界路径的一次尝试，不免存在不足，然而“九层之台，起于垒土；千里之行，始于足下”，希望能在读者的批评和修正中，不断完善与提升本丛书。

目录 Contents

第三章　成语典故篇 @73

结　语　永恒的魏晋风度 @91

参考文献 @101

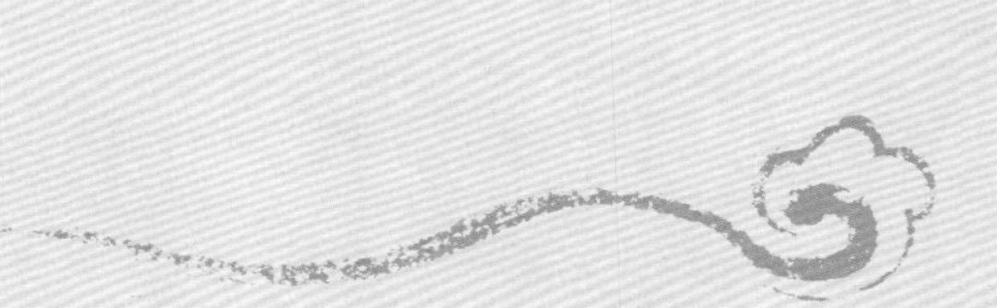

绪论

西方一位智者说过，生命是短暂的，而时间则是永恒的。这话有一些道理。但时间的永恒也是相对的，它无时无刻不在变化。还是中国古代哲人庄子说得好："吾生也有涯，而知也无涯。"[①]（人的生命是有限的，而知识是无限的）就是说，唯有人的思想、人的知识、人的精神才是永恒的，它可以穿越时空，万世不朽，历久而弥新。的确，在浩瀚的宇宙、永恒的时空面前，人世间的芸芸众生就如一现的昙花、暗夜的流星，既脆弱而又短暂。然而，人类的思想情怀与艺术精神，却可以穿越时空的种种阻碍，在漫长岁月的打磨之下愈发光芒耀眼，散发出令人倾倒折服、魂牵梦萦的巨大文化魅力，成为一种历久弥新、亘古绵延的永恒存在。在享誉世界的中华文明中，正有这样一种流光溢彩的伟大艺术精神，历经千年而不朽，这就是被人们歆羡景慕的"魏晋风度"。

时光倒回到公元3世纪初年，曾经辉煌一时的欧洲罗马帝国正由短暂的黄金盛世走向动荡割据的全面王朝危机。此时，在遥远的东方大陆，古老中华帝国的巨轮正沿着自己的漫长航道，缓缓驶入一个被后世称作"魏晋"的时代。这是被后世历史学者们所公认的中国历史上最为典型的乱世，两百多年之中纷争不断，战火不息，礼制崩颓，

① 《庄子·养生主》。

生灵涂炭，个体生命的尊严与价值遭遇到前所未有的挑战。然而，正是在死亡的催熟之下，生命的智慧在黑暗中迸发出理想的火光，艺术的灵感在动荡中绽放出明艳的花朵，这一时期的思想文化显现出一派异常繁荣的动人景象。魏晋时期的士人们以自由热烈的生命意识、特立独行的个性魅力以及玄远超迈的艺术精神，书写了煌煌中华文明史上前所未有、别开生面的一页，在中华文化长河中激荡起层层巨浪，推动并改变着这个古老文明的流向。著名学者宗白华先生指出，魏晋时代是“中国政治上最混乱、社会上最痛苦的时代，然而却是精神史上极自由、极解放、最富于智慧、最浓于热情的一个时代”①。此说颇为中肯。

魏晋名士有一种清拔越俗、迥异于任何历史时期的言谈举止，人们称之为“魏晋风度”。作为中国文化思想史上的一个专有名词，“魏晋风度”有着特定而多样的美学意蕴和精神内涵。“风度”是魏晋时期品评人物的专有词语。魏晋时期，人们对人物的品评逐渐由道德风范转向人物外貌，进而发展到人物的精神气质。贵族文士们热衷于人物品评，但不同于东汉主要是偏重道德风范的评价，而是渐渐转向人物外貌和人物精神气质的赏鉴品评。那时的史书典籍中，常出现

① 宗白华：《论〈世说新语〉和晋人的美》，原载《星期评论》1940年第10期，后收入宗氏美学论文集《美学散步》（上海人民出版社1981年版，第189页）。

与“风度”意义相似的术语，专门用于对人物的容貌谈吐、精神气质的评价。1927年7月，鲁迅先生在广州作了一场题为“魏晋风度及文章与药及酒之关系”的学术演讲，正式提出“魏晋风度”这一概念，用来概括曹操、阮籍、嵇康、陶渊明等魏晋名士所代表的魏晋诗文的特点以及魏晋文人群体的生活面貌。此后，一大批现当代著名学者纷纷著书立说，从哲学、美学、文学、史学等各个角度进一步发掘魏晋风度的意蕴内涵，并提出各自新的见解。到今天，文化学意义上的魏晋风度内涵已是十分丰富，它既指魏晋士人饮酒服药、长啸谈玄的名士做派中体现出来的那种风流自赏、形神超越的独特人生范式，又包括魏晋文章、书法、绘画、音乐等艺术作品所具有的清峻通脱、华丽玄湛的诗学美学特征；而且它还蕴含了魏晋玄学思辨所激发的那种自我觉醒、纵情任性、率真潇洒、自然自在的特定时代精神和独特审美品格，以及名士们的人生观和世界观。可以说，魏晋风度不仅是一种政治和文化现象，并且还深深地影响着人们的心理与行为，从而构成了魏晋时期所特有的社会现象。[①] 由此可见，“魏晋风度”这一概念，实在负载了魏晋时代文人集团的精神风貌、文化心理、社会风气、文学创作美学特征等方方面面的意蕴和内涵。

---

① 参见贼道三痴《上品寒士》，载云轩阁小说网，www.Yunxuange.com，2010年1月20日。

魏晋以降，中国社会重归于大一统常态，玄学声势渐消，传统的礼法教化重新支配了人们的言行举止。然而，魏晋风度的独特魅力却并未随之渐行渐远、云散烟消。“大抵南朝皆旷达，可怜东晋最风流”[①]，晚唐诗人杜牧这一声深长的感叹里，照得见后世中国文人对魏晋风度深深的景仰与追慕。那遥远时代里的人们，一言一行、一动一静，都代表了中国人的性灵智慧、思想深度和浪漫情怀所能达到的种种极致：不管是名士们流觞曲水、觥筹交错、宾主尽欢的雅宴文会，还是挥麈而谈、你来我往、四座惊心的玄理清音；不管是目送归鸿、手挥五弦、乐则长歌、哀则恸哭的率性态度，还是纵情山水、躬耕垄亩、采菊东篱、种豆南山的闲适人生：都是如此自然洒脱、自在从容，令人心动。魏晋名士们集体实践的这一种诗意盎然、鲜活放旷的生命范式，在后来的漫长岁月里，仍为千千万万的中国文人或多或少、或明或暗地追随效法，他们迥异于儒家价值观指导下的传统中国知识分子，代表了中国人性格里鲜为人知的浪漫、自由、奔放、张扬的隐形一面。而魏晋风度所代表的特定文化精神，正是构成兼容并蓄、百家争鸣、百花齐放的中华文明大合唱最重要的声部之一。

“魏晋风度”这一文化现象的出现有其特定的时代、思想和文化

① 杜牧：《润州二首》其一。

背景，它在思想、文化等各方面的新变，均与东汉（25～220）末年的政治腐败、儒学衰微有着直接的关系。当时，接连几个皇帝都或是年幼或是昏庸，大权逐渐旁落到宫廷宦官、外戚的手中，他们打着皇帝的幌子，目无法纪，为所欲为。这种局面引起官僚士大夫和太学生们的严重不满，于是他们联合起来，组织一个个谈论政治时势的“文人沙龙”，指摘朝政得失，评论国家大事，成为一股享誉天下的声势浩大的舆论影响势力。就其谈论的内容而言，东汉末年的文人们还远远没有达到魏晋时期名士们哲学辩论的理性思维高度，但这却正是魏晋文人集会时“清谈”的前身。公元166年，宦官集团与大臣集团之间的矛盾因为一个导火索而全面激化，宦官们残忍地逮捕、处死了一百多位高官、学者，株连、监禁数百名读书人及太学生。这场血腥的屠杀对当时社会造成了剧烈的冲击，而事件中汉桓帝刘志（132～167）对宦官们表现出的纵容偏袒态度，更使得人们对他的忠诚信仰逐渐淡薄，士大夫群体对他深感绝望，皇帝的统治权威遭到质疑，没有人再相信他和他的统治集团长久以来宣扬的重名教、守礼节的儒家价值观，而是转向研究老子、庄子所代表的道家学说，追求自由自在、保全生命的价值理想。在此影响下，社会风气开始慢慢发生变化，很多觉醒了的文人公然违背传统保守的儒家旧礼法，言行举止追求率性随意、放诞洒脱。当时的一位著名学者、大名士蔡邕就屡次

拒绝朝廷的邀请，不肯出仕做官，而是纵情山林。他还极度嗜好饮酒，借酒浇愁，喝醉了就在路边倒地而睡，被人们称作“酒龙”。还有一位名士戴良，更是放荡不羁，公然向儒家礼法挑战，竟然学驴鸣来取悦自己的母亲，后来他还在居丧期间饮酒、吃肉，并大胆地把自己比作圣人孔子。这样的人物在当时虽然还被看作是少数异类，但却开启了后来魏晋名士任诞风气的先河。

三国曹魏（220～265）初年沿袭了汉末的社会风气，在思想领域更彻底地冲破了儒家经学的禁锢。人们的独立人格意识开始萌动，个体生命慢慢觉醒，社会风气焕然一新。魏武帝曹操、魏文帝曹丕父子，本身都是潇洒通脱、不拘小节的名士，他们对整个时代的个性解放作出了很大贡献。天才哲学家王弼、何晏，从理论上深化阐释老子、庄子的思想学说，整理编纂道家典籍，并发展创立了魏晋风度的哲学理论形态——玄学。他们认为“无”是“有”的本原，主张无为自在的人生态度，这与崇尚理性务实的儒家学说截然相反。此后，被称作“竹林七贤”① 的阮籍、嵇康等文人，则从行动上实践玄学理论，他们结伴隐居在山林中，整日作诗饮酒、弹琴长啸、谈论老庄，

① 有关“竹林七贤”的记载，最早见于东晋孙盛的《魏氏春秋》：名士嵇康寓居山阳县（在今河南省焦作市东南），阮籍、山涛、向秀、阮咸、王戎、刘伶与之友善，游于山阳竹林中，号为“七贤”。

《竹林七贤图》

不与当权的统治者合作。然而，世上从来就没有纯粹的自由，激烈的思想对抗最终给名士们带来了极大的危险，个性强烈的嵇康就因惹怒了当权者而遭到杀害，悲惨结局令人叹惋。从这个意义上说，魏晋风度是在死亡与杀戮中顽强绽放出来的自由之花，这郁结着沉痛、苦涩的飘逸与洒脱，正是中国士人人格精神中最为璀璨高洁的一面。

经过两种思想的长期碰撞磨合，西晋（265～316）初年的玄学理论家向秀、郭象重新注释了道家典籍《庄子》，并致力于调和儒、道两派的主张，将名教与自然折中、融会，使得玄学更具有可行性与实践性。到东晋（317～420）时，文人们又从佛教中吸收了部分观念，融会贯通，三位一体，用以思考和观照人生的生死超脱等终极问题，至此，魏晋风度的理论形态——玄学，彻底成型与成熟。当时的士人领袖谢安等，既有名士的学识雅趣，又有经世致用的实际才能、文韬武略，真正达到了平和自然、超迈洒脱的精神境界，这正是中国文人热切向往的“内圣外王，玄礼兼修”理想人格的终极实现。这一时期的文化艺术也全面繁荣，书法、雕塑、绘画、音乐等等，皆前无古人、后无来者，铸就了中国文化史上最为光彩夺目的一页。

第一章

风采篇

魏晋风度之于中国文化，犹如欧洲学术史上的文艺复兴。伴随着思想上的大解放和人性的自我觉醒，魏晋士人们的生命意识、个体价值得到了空前的高扬，他们特别注重人的内在美及外在美，崇尚人格、气质、谈吐、举止的优雅诗意。他们更以特立独行的处世态度、风流自赏的人生范式、自然真淳的价值观念，树立了中国文化史上空前绝后的一代典范。魏晋名士的风流懿范、动人风采，千载之下，犹令人心驰神往。

一、饮酒沉醉

中国的酒文化可谓源远流长，早在遥远的《诗经》时代，先民们就写下朴素的诗篇来称赞酒的美妙。然而中国文人真正发现酒的妙处并狂欢式地集体纵情畅饮，却是在魏晋时期。或者可以这样说，没有酒，魏晋风度要失去一半的浪漫空灵之美。建安之雄曹操（155～220）曾写诗感叹："对酒当歌，人生几何？譬如朝露，去日苦多。慨当以慷，忧思难忘。何以解忧，唯有杜康（酒的别称）。"[①] 他用酒来消解岁月倏忽而生命无常的痛苦。"竹林七贤"的核心人物阮籍（210～263）的人生更是植根在酒的浸润之中，他看不惯当时的

① 曹操：《短歌行》，载逯钦立辑校《先秦汉魏晋南北朝诗》，中华书局1983年版，第349页。

黑暗社会，终日借酒浇愁，以求自保。他十分讨厌做官，但听说步兵营的厨师擅长酿酒，储存了美酒300石，便请求去做步兵校尉，到那儿后自夕达旦地饮酒。西晋文学家张翰，行为放荡不羁，别人问他："你光顾着眼前享乐，难道就不为死后的声名考虑吗？"张翰不屑一顾地回答说："身后的千古美名，哪能比得上我手中的这一杯美酒呢！"东晋大名士毕卓也曾说过："假使能让我一手拿着蟹螯，一手端着酒杯，跳进装满美酒的池中尽情纵饮，我这一生也就满足了。"这大概道尽了天下酒徒的心声。

当然，要说中国古代最有名的嗜酒者，还属当时的大名士——"酒仙"刘伶（约221～300）。刘伶身材矮小，相貌奇丑，行为怪异，嗜酒如命，喝起酒来肆意酣畅、忘乎所以。他以放诞著称，性情豪迈，不拘小节，崇尚老庄思想和纵酒放诞之情趣，蔑视传统礼法制度。他还写过一篇著名的《酒德颂》，专门描绘美酒的妙处。据说有一次刘伶酒瘾发作，向妻子讨要酒吃，妻子实在看不下去了，便将酒全部倒掉，并把酒杯摔碎，然后哭着劝导刘伶："夫君你喝酒太多了，这不是养生之道，请把酒戒了吧！"刘伶说："好吧，但我自己戒不了，必须祭告鬼神，祷告发誓，你去准备祭祀的酒肉吧！"妻子信以为真，很快把酒肉等摆上神案，请刘伶来立誓。刘伶跪在神案前，大声说："老天生我刘伶，以能饮酒闻名，一次要喝一斛，5斗

哪里够用？妇人胡言乱语，众神千万莫听。”说罢，拿起祭祀的酒肉就大吃大喝起来，一会儿便醺醺大醉了。他经常乘着鹿车，拎上一壶酒远游出行，让仆人扛着锄头跟在车后，并且嘱咐仆人说：“如果我喝酒醉死了，你们便就地把我埋葬了吧。”正因为这样醉中有醒，醒中有醉，“借杯中之醇醪，浇胸中之块垒”，所以刘伶才能在那个文人动辄被杀的乱世得以寿终，可见他任诞放达的行为帮助他躲过了厄运。

“酒仙”刘伶

魏晋名士们为什么如此钟情于杯中之物？原因不在酒本身。魏晋时的政治斗争十分激烈，士人们处境险恶，要想全身远祸，不得不佯狂装醉以躲避各种政治迫害与人事纠纷。比如阮籍就曾经大醉60日，以躲避魏国当权者司马昭（211～265，西晋开国皇帝司马炎之父）的联姻请求。另外，名士们大多希望借助酒醉的自适状态，来达到物我两冥、自然无碍的超越境界。东晋大诗人陶渊明说“酒能祛百虑”、“酒中有深味”，东晋大臣王荟说“酒正自引人著胜地”，东晋名士王忱感叹“三日不饮酒，觉形神不复相亲”，都是想要通过饮酒后的快意自适来追求生命的密度，实现人生的自然随化之境。这和魏晋名士们大都喜欢服食“五石散”之类的药物来强身健体、延年益寿，追求生命的长度，其旨

《陶渊明扶醉图》

趣是一致的。东晋名士王恭有一个著名的论断："名士不必须奇才，但使常得无事，痛饮酒，熟读《离骚》，便可称名士。"[①] 话中不乏调侃的意味，但却一语道破了魏晋名士与酒的密切关系。

二、雅宴文会

魏晋文士喜欢集会宴饮，他们常常在湖光山色间流觞曲水、诗酒酬唱，或者于高门筵席上觥筹交错、丝竹娱心，留下了许多描写这些聚会场景的美妙诗文，为千百年后的文人们所传唱。早在东汉建安（196～220）时代，曹操以及曹丕、曹植兄弟就经常在邺城与著名的"建安七子"等文士骚客相聚宴饮、诗酒竞豪，文学创作呈现出前所未有的繁荣局面。在著名的西园之游、南皮之游中，他们创作了大量的宴游诗赋，模山范水，描写游赏之乐，被称作"邺下风流"。曹丕在给好友吴质的信中曾描绘当时的盛况："当年我们终日相聚游宴，出行时则车马相连，休息时则筵席长排，哪曾有过一刻的闲暇？每当杯盏传换、丝竹并奏、酒酣耳热之际，大家就赋诗作文，恍惚之间，快乐得都要忘乎所以了。"建安文人们诗酒流连的游宴可谓开了魏晋文人集会的先河。邺城遗址位于今河北省临漳县西南部邺镇一带，如

① 《世说新语·任诞》。

今已成为国家级文化旅游景区，遗址区内尚存有金凤台遗址、铜雀台遗址、曹魏古柏等景点，供人凭吊瞻仰。

魏晋时期最具代表性的文人团体“竹林七贤”，包括阮籍、嵇康、刘伶、向秀、阮咸、山涛、王戎七人，他们都是善谈玄老的隽永文士，以不拘礼教、任情纵酒、放旷任诞而闻名当时，在魏晋文人集团中拥有很高的声誉及影响。他们在云台山百家岩的竹林中相与饮酒游赏、集会交游，长达二十多年，并先后结识孙登、王烈等隐士，留下了众多的故事传说。云台山位于今河南省焦作市的修武县境内，有茂密的原始森林植被，沟谷溪潭深邃幽静，飞瀑流泉纵横点缀，奇峰异石随处可见。号称“北国龙湫”的天门瀑布与叠立在悬崖边沿上的

河南云台山

百家岩寺塔，乃此处两大胜景。山内至今仍留有“孙登啸台”、“王烈泉”、“刘伶醒酒台”、“嵇康淬剑池”等遗迹，游客可以在此感受魏晋风度。此外，这里还有众多名人墨客的碑刻、文物，有着丰富深蕴的文化内涵。

西晋元康六年（296），著名文士、富豪石崇（249～300）组织的金谷雅集也是比较有名的一次集会，这是一次带有浓厚文学色彩的文人雅集。“金谷”是石崇的别墅名，位于洛阳城的西郊15千米外。时任征虏将军的石崇与潘岳、左思、潘尼、陆机、陆云、刘琨、欧阳建等文豪共30人，在金谷园设宴欢送征西大将军王诩返回长安，众人“昼夜游宴……遂各赋诗，以叙中怀。或不能者，罚酒三斗（大杯）”[①]。石崇还将众人所写的诗文编成《金谷集》诗册，这次集会因此名扬天下。后来文人聚会饮酒时便常依“金谷酒数”来罚酒，表示要罚三大杯。

东晋最有名的文人雅集当属晋穆帝永和九年（353）的兰亭集会了。借当时三月三日“修禊”的习俗，时任会稽内史的王羲之（321～379，或作303～361，又作307～365）邀集谢安、谢万、孙绰、郗昙、庾友、桓伟、王凝之、王徽之、王献之等江左名士共41人在浙江会稽郡山阴县的兰亭（今浙江绍兴西南）宴饮聚会，流觞

① 石崇：《金谷诗序》。

曲水，即席赋诗，编成《兰亭集》，计37首诗，由王羲之作序。王羲之所作的《兰亭集序》字字珠玑、脍炙人口，其法帖飘逸潇洒，堪称“神作”，被后人誉为“天下第一行书”，是书法史上光耀千古的杰作。

绍兴兰亭

三、清谈辩论

魏晋士人集会的一个重要活动，便是清谈。清谈的形式来自东汉的清议：汉末的许劭、许靖兄弟主持的“汝南月旦评”，每月选定一个品题，褒贬当时名士的德行举止，在社会上产生了巨大的影响。魏晋以降，文人们集会谈论的内容，从人物德行品评逐渐转为风神气度的品藻以及辩论玄学名理等哲学命题，这就是人们常说的“谈玄”。“玄”出

自道家经典《老子》（即《道德经》）的“玄之又玄，众妙之门”，魏晋人用这个词来代指清谈中那种形而上的抽象事理以及对宇宙、人生的哲学思考。玄论祖述的经典有三部：《老子》、《庄子》、《周易》，即所谓的“三玄”。清谈有点儿类似于过去欧洲上流社会的文艺沙龙，只是在形式上更加正式一些。一般分为宾、主两方，选定一个辩题后，双方根据各自的观点，引经据典，分析阐释，互相驳难、辩论，从中体会思维跳跃、精神碰撞的巨大乐趣，欣赏辩论者潇洒自信的气度、精彩酣畅的言辞，自是一种动人心魄的审美体验。

“魏晋恰好是一个哲学重新解放、思想非常活跃、问题提出很多、收获甚为丰硕的时期”，这一时期的“思辨哲学所达到的纯粹性和深度”“是空前的”[①]。魏晋名士因为经常参与清谈，理性思维、反应能力、言语表达都得到了充分的磨砺与强化，留下了很多闪烁着智慧光芒的名言警句。一次，有人问名士殷浩（约303～356）：“人们常说，将要升官的人会梦到棺材，将要发财的人会梦到秽物，这其中有什么道理吗？”殷浩回答说：“官场本来就是腐朽黑暗的，所以将要做官的人就会梦到棺材；钱财正像是粪土，所以将要发财的人就会梦到污秽之物。”梦兆之说本是无稽之谈，然而殷浩机智巧妙的

① 李泽厚：《美的历程》之《魏晋风度》，载《美学三书》，天津社会科学院出版社2003年版，第79页。

回答却是令人叹服的。东晋名士殷仲堪（？～399）长于谈论，勤于阅读，他常说："我三日不读《道德论》，便觉口齿不爽，舌间滞涩。"其谈理与另一位清谈高手韩康伯齐名，受到士林的爱慕。魏晋人常于清谈之中机锋迭出，妙语连连，警句不断，可以说开禅宗妙悟之先河。

魏晋的很多玄学理论家，本身就是清谈的高手。比如，魏晋时期的天才哲学少年王弼（226～249），一出场就以雷霆万钧、傲视群伦的领袖气势，奏响了正始玄风的最高音。他不满20岁时去拜见当时的吏部尚书、大名士何晏（约196～249），何晏找了一个已被众人辩论透彻、无甚新意的题目考验王弼，问他有没有新的见解。王弼凭借自己精深周密的玄学理论素养，自问自答，反复辩论，语词滔滔不绝，让在座的众人都理屈词穷、自叹不如。可惜当时的人们并没有记录下这些精彩动人的辩论场面，否则中国文化史上可能也会有一部柏拉图《理想国》式的对话体哲学名著了。

魏晋名士清谈时常用到一种道具，叫做"麈尾"。麈（zhǔ主），是古书中说的一种大鹿，会摇动麈尾来指挥鹿群行动，因此"麈尾"便有了领袖群伦、指引别人入玄理的意思。清谈用麈尾助兴，大概始于西晋时的名士领袖王衍（256～311）、乐广（？～304）。据说王衍容貌清丽、皮肤白皙，经常拿着镶有白玉柄

的麈尾，白玉与手的颜色几乎没什么区别。有一天，东晋名士孙盛与殷浩激烈辩论，两人谁也说服不了谁，眼看天色已晚，仆人们便把饭菜端上桌来放在一边，二人还拿着麈尾甩来甩去、争辩不休，以致麈尾上的鹿毛都脱落到了饭菜上。由此可见麈尾在清谈中不可或缺的助兴作用。

此外，麈尾并非什么人都可以执，它是名士领袖地位或尊贵身份的象征。据《南齐书·陈显达传》记载，出身寒微的镇军将军陈显达有一次看见自己的儿子在把玩麈尾扇，就一把夺过来，教训他说："麈尾扇是王氏、谢氏这样的世胄显贵们玩的，你以后别碰这种东西！"可见麈尾在世人心目中分量之重。西晋末年，贵族王濬（252～314）送给贫苦出身的军阀石勒（274～333）一柄麈尾，表示对其身份的认可。石勒把它挂在墙上，朝夕跪拜，以示谦虚不敢当。东晋名士王濛（？～347）病重，躺卧在灯下，手中还拿着麈尾把玩不已，感叹自己像麈尾一样尊贵高洁，却不能长寿。王濛死后，他的好友刘惔把一柄犀麈尾放到他的棺木中，希望他能与毕生喜爱的麈尾长相伴。

四、品藻审美

魏晋是人的觉醒、美的自觉的时代，魏晋人对美有着超乎寻常的敏感，他们以一颗颗热情执著的心灵发现和创造着生活中各个层面的美。

魏晋人物品藻本身就是一种审美活动。专门记录魏晋人言行的《世说新语》一书记载了当时诸多名士的外貌之美。比如，王恭（？～398）被形容是“像阳春三月新发的嫩柳一般清丽疏朗”；王羲之称赞杜弘治“面庞像凝脂一样白皙，眼睛如用漆画过一样乌黑有神，真是神仙一样的人物”；夏侯玄（209～254）仪表堂堂，“潇洒不凡，如日月一样光彩照人”，相貌丑陋的毛曾跟他坐在一起，高下立现，被人形容是“蒹葭倚靠在玉树上”；嵇康（224～263）仪表堂堂，人们称赞他“如峭壁上的孤松一样挺拔独立、风神俊逸”，他喝醉了时则像“玉璧雕成的山摇摇欲坠”的样子；时人形容王羲之俊逸潇洒的风神，“飘逸像天上的游云，矫健如惊起的蛟龙”。透过外在风貌的美，魏晋人向世人展现了追求内在品格、精神气质的美学风尚。

西晋时期著名的美男子卫玠（jiè介，286～312），才华横溢，并且自幼生得相貌清丽、风神秀彻。小时候，他乘坐着白羊车在京城洛阳的大街上游玩，远远望去就像用白玉雕成的塑像，路人纷纷叹问：“这是谁家的小孩子？长得像玉璧一样光彩照人。”他的舅父王济（约246～291）长得器宇不凡，以美貌著称，然而每次见了卫玠都要感叹：“这个孩子好比光芒四射的珠宝，在他旁边，我总是感到自惭形秽。”后来，卫玠从北方移居到了南方的建康（今江苏南京），当

地的男女老幼早就听说他的美名，每逢在路上遇见卫玠就纷纷跑来围观，人山人海，以至于造成“观者如堵墙”的轰动效应。据说，卫玠不堪这种被众人关注、打扰的压力，积劳成疾，不久就病亡了，后人把这个故事称为“看杀卫玠”。

魏晋是中国历史上美男辈出的时代：曹植、何晏、嵇康、夏侯玄、裴楷、夏侯湛、潘安（潘岳）、卫玠等皆在后世赫赫有名，这大概与当时重视容貌美的社会风气不无关系，而重视姿容美、风貌美，正折射了魏晋人的审美理想和趣味。

此外，魏晋人还把目光投注到广阔的天地之间，发现了山水之美。东晋大画家顾恺之（约345～409）称赞会稽郡（今浙江绍兴）的山川：“重山叠岭的风景竞相比美，许多溪水竞相奔流。各种草木茂密繁盛，好像云霞升腾聚集起来一样。”东晋书法家王献之（344～386）则形容山阴道（在会稽城西南郊外）一带的风景：“从山阴道上行走，山水互相映发，美不胜收，使人目不暇接。若到秋冬之际，就更是令人难以忘怀了。”这些优美至极的描绘山水的语言，体现了魏晋人胸怀诗意来观照山水的审美境界。此外，在诗歌、书法、绘画等艺术天地中，魏晋人一样探寻和创造着美。王羲之的行草写得天马行空，一片神行，不拘于笔法，人们称赞它有“飘如游云，矫若惊龙”的动人气势。画家宗炳（375～443）将自己的山水画挂在墙上，有“抚琴动操，欲令众山皆响”的错觉，足见画境之缥缈传神、引人入胜。德国哲人黑格尔说过，美带有令人解放的性质。魏晋人正是于无处不在的天地大美之中，发现了自己，解放了心灵，实现了人人所向往的形神超越、逍遥无碍之境。

五、浪漫尚情

魏晋人发现了天地万物的美，也发现了自我内心的“情”。他们对“深情”那种刻骨铭心的体验、真诚坦率的态度，正体现了魏晋风度的动人之处。魏晋人因为生逢乱世、生命时时处在死亡的威胁中，所以他们的精神世界特别敏感丰富。每当面对死亡这样残酷的人生命题时，他们往往难以抑制内心沉重深广的悲怆。名士王衍的儿子早夭，他悲不自胜，朋友山简（253～312）开导他说：“孩子已经死了，你何必如此悲伤呢？”王衍回答说：“圣人能忘情，常人不看重感情。最容易被感情困扰的，不正是我们这些人吗？”王羲之第五子王徽之（约338～386）病重，听说自己的弟弟王献之死了，便挣扎着前去吊唁。他进门后坐到灵床上，拿过王献之的琴，本想弹一曲告慰死者，无奈内心太悲伤，怎么也弹不成曲调，他把琴往地上一扔，长叹道：“弟弟啊弟弟，你和你的琴都离我而去了！”说罢大哭，一个月后也哀恸而死。他们的哀恸里体现出一种超越死亡本身的幻灭感。

魏晋人的深情并非只是执著于个体人生，而是扩而大之，对草木、万物、宇宙都有一种饱含深情的观照。东晋大将军桓温（312～373）路过金城故居，见到自己当年任琅琊内史时栽种的小柳树已经长成十围粗壮的老树，情不自禁地说："木犹如此，人何以堪！"攀着柳树的枝条，泫然流泪。桓温是个枭雄似的人物，竟也情深如此，"木犹如此，人何以堪"，八个字蕴含了多少物是人非、英雄易老的悲凉感慨！岁月倏忽而过，人生不足百年，古往今来不正同此一悲吗？魏晋人之深情，正是一个觉醒了的时代发出的既带着痛感又饱含诗意的心声。

三国时期魏国的玄学家荀粲（约209～238）对爱情特别忠贞，可以说是一个"情圣"。他的妻子贤淑美貌，荀粲十分爱她。有一年冬天，妻子感冒，高烧不退，他便跑到庭院中将自己冻得冰凉，然后回去抱着妻子给她降温。尽管这种降温方法很不科学，但荀粲的一腔真情却异常感人。后来妻子还是不治身亡了，荀粲茶饭不思，哀痛不已。别人劝他续娶，但他哪里听得进去，口中一再喃喃自语："佳人难再得！"一年之后，荀粲便也因为伤心过度而死去，年仅29岁。

东晋大诗人陶渊明（约365～427）也是一个深情的人，其怀亲、教子、笃友、忠君爱国之情在他的诗文中随处可见。陶渊明8岁丧父，12岁时庶母（陶渊明父亲的妾室，即程氏妹之母）去世，有着很高文化修养的生母孟氏将其培养教育成人。为报答母亲的养育之恩，29岁时，为改善贫穷的生活条件，让老母安度晚年，他违心地出任江州祭酒。晋安帝隆安五年（401）冬，母亲逝世，陶渊明哀痛难当。次年在为已故外祖父、东晋名士孟嘉所写的传记中，他还情不自禁地插入了对母亲养育之恩的追念。晋安帝义熙元年（405）十一月，程氏妹病逝于武昌的噩耗传来，陶渊明立刻辞去刚刚做了81天的彭泽县令，急速赶到武昌奔丧……而在义熙三年（407）为程氏妹所写的祭文中，他又专门用了一大段文字，声情并茂地叙写了母亲去世时兄妹二人崩号泣血、悲痛欲绝的情景，读之令人断肠。由此可见诗人的至性真情。

魏晋人正是这样的敏感细腻、一往情深，不能自已地执著于自己的内心世界，而这大概正是魏晋风度的动人之处。

六、少年早慧

魏晋时期涌现出众多的天才儿童，很多名士都是少年早慧，小小年纪就反应机敏、语出惊人，显现出与其年龄不相符的智慧与成熟。

孔融（153～208）是孔子的二十世孙，是东汉末年的大名士，生性刚直，好议论时政，丞相曹操妒忌他的才能，便借故杀了他。孔融因言获罪被逮捕时，家里的人都害怕得不得了，孔融9岁的儿子和7岁

的女儿却若无其事地在那里下棋，没有一点儿惶恐的样子。家人以为孩子年幼不懂事，大祸临头还不知道，便偷偷地叫他们赶快逃跑。孔融也恳求官兵："我的罪过我自己承担，不要株连到我的孩子们！"这时，两个孩子不慌不忙地站起来，对父亲说："父亲，您不要恳求他们了，这些人是不会放过我们的，鸟巢如果倾覆了，里面的鸟卵怎么可能完好无缺呢？"果然，不久朝廷就派人连他的儿女一起抓捕了。小小年纪面对灾祸竟如此冷静清醒，这样的胆量、见识使得这个故事更增添了一种悲剧色彩。

钟会（225～264）是三国时大书法家、太傅钟繇（yóu由，151～230）的小儿子，自幼聪明，13岁时和兄长钟毓（yù育）一起应召前去拜见当朝魏明帝曹叡（ruì瑞，204～239）。钟毓因为紧张害怕而满头大汗，钟会则十分冷静、镇定自若。皇帝看到两兄弟各自的表现，笑问他们原因。钟毓回答说："我见到陛下内心紧张，所以汗出如浆。"钟会则幽默地回答："我内心紧张，以至于连汗也不敢出了。"

竹林名士王戎（234～305）7岁的时候，有一次跟小伙伴们在路边玩耍，看到旁边一棵李子树上结满了果实，别的孩子都兴高采烈地上树摘李子，只有王戎站着不动。有人问他原因，王戎说："这棵李树长在路边，果子又红又大却没人摘，那一定是味道不好，所以人们才不采摘。"果不其然，孩子们上树摘下来的果实又酸又涩，难以下咽。

晋明帝司马绍（299～325）是东晋时代颇有些作为的皇帝，从小就很聪慧，机敏善辩。他4岁时有一次坐在父亲晋元帝司马睿（276～323）的膝上玩耍，这时有客人从长安回来，元帝就向客人询问西都洛阳的消息，想到物是人非的种种，不知不觉间热泪满眶。司马绍很奇怪，问父亲为什么哭，元帝就将西晋王朝覆灭、国都被占领、王室不得不南迁、自己渡过长江建立东晋的故事详细地告诉了他。然后元帝问他："你认为长安和太阳哪个远？"司马绍想了想，回答说："太阳远。这位客人是从长安回来的，可是从来没听说有人能从太阳那边回来。"元帝听了这个回答，为司马绍小小年纪却反应敏捷深感惊异。第二天，元帝召集群臣宴会，把司马绍昨天的回答讲给大臣们听，并特意当众又把问题问了一遍，谁知司马绍这次竟然改口回答说："长安远。"元帝大惊失色，说："你今天跟昨天说的怎么不一样了呢？"司马绍回答说："我抬头就能看见太阳（指元帝），却没法看见长安，所以长安更远。"（"举目见日，不见长安。"）在座的人都为他的聪明颖悟而震惊。这个故事反映了晋明帝司马绍幼年时的机智聪慧、语出惊人，同时，"举目见日，不见长安"短短八个字，也深刻地道出了渡江之初东晋人的亡国之痛。

谢安（320～385）七八岁的时候，兄长谢奕（？～358）正在做剡县令，当时县里有一位老人犯了法，谢奕便罚他饮烈酒，直到喝醉

了还不罢休。当时谢安正在谢奕旁边坐着，不忍心看他这样折磨老人，就劝止说："哥哥，这个老翁也够可怜的，你怎么能这样捉弄他呢！"听他这么一说，谢奕不禁一惊，意识到自己的做法太过分了，马上释放了老者。

魏晋人的早慧，是一道奇特的文化景观，更是在死亡与血腥的土壤里顽强绽放出来的理性之花。

七、自由个性

魏晋人大多个性张扬，崇尚自由，不愿受虚伪礼教的束缚。他们追求生命的自在状态，强调个体尊严与价值，公然与儒家的"名教"、"礼法"观念相对抗，折射着个性主义的光辉。

魏晋名士以近乎偏执与激烈的方式，冲破了人与自然、人与社会的尖锐对立，最终为中国的知识分子探索出一条通往人生自由与和谐的出路。他们是狂士，也是英雄。他们用一个痛苦分裂了的"我"，成就了魏晋时期风流洒脱、自然超迈的"人"。

儒家名教的基础"君臣"、"父子"、"夫妇"三纲，在魏晋时期都受到了个性解放潮流的冲击，遭遇了空前的危机。大诗人阮籍曾公开发表"无君论"，认为没有君主整个国家才能安定，没有官僚人民才能各得其所，这种大胆言论在帝制时代有石破天惊的思想解放意义。“建安七子”之一的孔融更以大无畏的勇气重新解释母子关系，认为这好比是瓶子里装东西，倒出来后两者就各不相干了，彼此都是独立的个体。西晋名士胡毋辅之一次正在喝酒，他的儿子胡毋谦之看到了，厉声呵斥他：“彦国（胡毋辅之的字），你这个老头子年纪大了，不许成天喝酒！”儿子的这种行为，在传统的儒家礼法观念中简直是大逆不道，然而胡毋辅之竟然也不生气，而是笑着招呼儿子一起喝两杯。

据史书记载，魏晋女性的社交生活也十分丰富，活动范围大大扩展，她们经常出游肆乐，无拘无束。值得注意的是，这一时期还出现了很多有名的妒妇，诸如王导、桓温、贾充等人的妻子，都十分剽悍强势，她们自觉地维护个人的尊严，保卫自己的爱情，对丈夫的蓄妾行为经常执刀示威，甚至闹出人命。这些行为虽然有些极端，但从中却可看出女性，尤其是贵族女性社会地位的提高与自我意识的觉醒。

魏晋名士大多狂放不羁、不拘小节，言谈举止带有极为强烈的个性色彩，在后世人眼中甚至显得有些惊世骇俗。“建安七子”之一的大诗人王粲（177～217）死后，时任五官中郎将、副丞相的曹丕（187～226）带着文士们前去吊唁。他对众人说：“王粲喜欢听驴叫，大家都学一声送送他吧。”于是随从们都照着做了。此后，西晋名士王济（约246～291）的葬礼又上演过同样的一幕：他的朋友孙

楚（约218～293）来参加丧礼，对着灵床学起驴叫，而且还“体似声真”，引得宾客们都忍不住笑了。西晋名士王澄（269～312）有一次要去外地当官，京城的朋友们都来为他设宴送行，这时他忽然看见树上有一个鹊巢，于是三下两下就把身上的衣服脱光了，旁若无人地爬上树抓鹊去了。诸如此类，魏晋人屡屡做出这些怪诞形状，或许是想用这种颠覆性的反常方式来宣泄对世俗礼教的不满，以一种尖锐的对立行为来彰显自我的个性力量。现代人某些所谓的行为艺术，意旨大概与此相似吧。

八、进德修业

魏晋名士大都注重自身修养，进德修业，乐此不疲。这正是魏晋风度的魅力所在。

东晋名士阮裕是阮籍的族弟，以品德高尚、爽快无私著称。早年在剡县时，他家里有一辆很华丽的马车，马的皮毛也刷得齐整干净，十分漂亮。阮裕把车子视如至宝。但他为人慷慨，仗义疏财，乐于助人，无论谁来借用车子，他都欣然相借。有一天，阮裕一位邻居的老母亲逝世了。这位邻居本想借阮裕的车子为母亲送葬，但转念一想，为死人送葬是一件很不吉利的事，于是便放弃了跟阮裕借车的打算。

这件事后来传到阮裕的耳中，他连连叹息道：“唉！怎么会是这样呢？我置备这个车子，本来就是为了给大家提供方便的，到头来却弄得人家不敢借用，留着它还有什么用呢！”说完，阮裕就亲手把这个华美的车子烧掉了。众人知之，无不赞叹阮裕的为人。

东晋名士陶侃（259～334）是东晋开国元勋，也是田园诗人陶渊明的曾祖父。他出身贫寒，早年与母亲湛氏相依为命。在母亲严格而良好的教育下，陶侃“少长勤整，自强不息”，最初做过县吏一类的小吏，后来参军从戎，以军功升任武昌太守、荆州刺史，后任荆、江二州刺史，都督八州诸军事，位高权重。他勤于职守，惜时如金，常对人说：“大禹是圣人，尚且十分珍惜时间，至于我们这些普通人，就更应该珍惜分分秒秒的时间啊！”每逢良宵宴饮，他都为自己定下一定的时限。时间一到，即使众人再劝酒，他也绝不再饮。他不仅自己如此，对部下也这样严格要求。陶侃做事异常细心，考虑缜密。他在做武昌太守时，曾主持造船，命令部下将木屑和竹头全部收集起来。对此，众人甚是纳闷不解。后来下起了大雪，天晴雪融后，厅堂前残雪泥泞，正好用木屑来铺地。若干年后，等到桓温做荆州刺史时，桓温讨伐西蜀大规模修造船只，陶侃所贮竹头又派上了用场——正好用作钉子。

后来陶侃调任广州，这里相对比较安定，他在这里一待就是十几年。他生性聪敏，为人谨慎，为官勤恳。军中府中之事，他都亲自逐

一检查，从没有半点儿遗漏，也不曾有片刻的清闲。每当无所事事的时候，陶侃总是一大早就把100块砖搬运到书房外，傍晚时分又搬运回书房。有人问他为什么这样做，他回答说："我正在致力于收复中原失地，如果过分悠闲安逸了，到时候就不能担当大事了，所以我才找点儿事做，使自己辛劳一些。"

东晋名将、大名士殷仲堪为人十分注重道德修养，以孝闻名当世。他的父亲卧病多年，仲堪衣不解带，朝夕在侧服侍。为给父亲治病，他发奋学习医术，究其精妙。有一次为父亲煎药时，他不慎把药洒在自己的眼睛上，导致一目失明。后来他调任荆州刺史，正赶上荆州因水涝成害而歉收，作为一州之长，他每餐也只能吃粗粮野菜。他生性朴素，吃饭时饭粒洒落在餐桌上，他都要捡起来送到口中吃掉。殷仲堪常常告诫子女们说："你们不要因为我出任荆州刺史，就以为我会忘弃平时的操守。须知，现在我处在这个位置上实在是不容易的。清贫是读书人的常德，怎么能够一登高枝就忘了根本（富贵后就忘记了当初的贫寒）呢？你们一定要记住这个道理啊！"

中华民族之所以历经磨难而不衰，正是因为有"自强不息，厚德载物"的民族精神在，有进德修业、朝夕进取的民族精英在。

第二章

名士篇

谈到魏晋风度，不能不了解这一时期具有代表性的文化精英们，正是他们谱就了中国文化史上最为灿烂辉煌的篇章。建安士人的通达洒脱，正始、竹林名士的深沉悲壮，中朝名士的风华俊迈，东晋名士的风流自然、深情妙赏，可以说，正是名士们对艺术精神、诗意人生的执著探求与躬亲实践，最终实现了魏晋风度那令人神往的率真自然、风流洒脱的佳境。

一、一代枭雄——曹操

魏武帝曹操（155～220），字孟德，沛国谯县（今安徽亳州）人，是中国历史上著名的政治家、军事家、思想家和文学家，也是汉末三国时期的一位大名士。他既有英雄将相的胆魄胸襟，又有诗人墨客的洒脱情怀，是当之无愧的建安文人领袖。曹操早年即有大志，曾言“宁教我负天下人，不教天下人负我”。主持“汝南月旦评”的汉末名士许劭（150～195），曾评价他是“治世之能臣，乱世之奸雄”。

曹操自幼机警敏悟，甚至有些狡诈。他蔑视礼法制度，率性自适。他少年时十分贪玩，整天飞鹰走狗、游荡嬉戏，叔父看不顺眼，便向曹操的父亲曹嵩告状。曹操十分生气，便暗暗想办法应对。一天，他在路上遇见叔父，马上装得脸歪口斜、一脸病相。叔父奇怪地

上前询问，曹操说：“我刚才突然中风了。”叔父赶快将这件事告诉了曹嵩，曹嵩大吃一惊，急忙来看望曹操，结果曹操一切正常，根本没有半点儿中风的迹象。曹嵩问他怎么回事，曹操回答：“我从来没有中风，可能是叔叔讨厌我，故意这么瞎说吧。”从此以后，叔叔再告状，曹嵩就不相信了，曹操解除了后顾之忧，便可以尽情地玩耍了。

曹操后来做了丞相，身居高位，“挟天子以令诸侯”，掌握了东汉王朝的实际统治权，却仍旧率性自适，不重威仪。他为人豪放通脱，举止十分自然随意，尤其喜好音乐，经常让倡优艺人陪伴在身边，夜以继日地歌舞欢宴。他爱穿薄绸衣服，腰带上挂着装印绶的小皮袋子，里面放的却是手巾之类的零碎东西。他善于诗文，并且富于创新，被鲁迅先生称为“改造文章的祖师”。曹操喜欢招徕天下文士，每次跟客人交

曹操像

谈，开开玩笑，诵诵诗歌，畅所欲言，一点儿也不拿架子，有时候说到兴起，还情不自禁地笑得前仰后合，把头埋在杯盏之间，头巾都被菜肴汤汁弄脏了。在他及其儿子曹丕、曹植的努力下，中国文学史上“文学的自觉”时代开启了。

曹操还曾颁布著名的“求贤三令”，主张用人唯才是举，不拘小节，即使是名声不好、行为放诞、不仁不义的无德之士，只要有治国用兵的才能，就可以被他任用，这反映了他作为一个国家统治者开明务实的用人观念。曹操的用人观，是对长期以来重“德行”和出身门第之传统思想的巨大冲击和叛逆，其社会思想史意义不同凡响，诚如陈寅恪先生所说，“三令标明了曹操政策之所在——标准是才，不是道德。三令的颁布，是政治社会道德思想上的一个大变革”①。

曹操爱才重才，还表现在对待仇人陈琳（约155～217）的态度上。陈琳是当时的名士，有文才，为“建安七子”之一。他当初为了避乱，投靠冀州刺史袁绍。袁绍让他掌管书记。汉献帝建安五年（200）正月，官渡（今河南中牟东北）之战时，袁绍让他作讨伐曹操的檄（xí习）文，他在檄文中历数曹操罪状，大骂曹操缺德，连曹操的祖宗三代都骂了。不久袁绍战败，陈琳被俘，无奈之下归附曹

① 万绳楠整理：《陈寅恪魏晋南北朝史讲演录》，黄山书社1999年版，第12页。

操。曹操问他："你当初在檄文中骂骂我也就罢了，为什么连我的父亲和祖父都骂呢？"陈琳回答道："当时就好比箭在弦上，不得不发。"曹操因爱其才，不仅没有杀他，而且还委以重任。差不多同时，袁绍的谋士许攸（？～204）来降，曹操喜出望外，顾不上穿鞋子就跑出去迎接。许攸为报答知遇之恩，主动为曹操设下偷袭袁绍军乌巢粮仓的计策，赢得了官渡之战中决定性的一战，接着曹军一鼓作气，消灭了袁绍的十万精兵，创造了中国战争史上以少胜多的战例，并为曹操统一北方奠定了基础。

作为中国历史上著名的政治家，曹操志在统一天下，结束东汉以来军阀割据的局面。建安十二年（207）十月，曹操去北方征伐一个名叫乌桓的小国，回军途中，路过位于今河北省昌黎县城北的碣石山——秦始皇当年东巡时曾经登临此山。面对着眼前美景，曹操豪情满怀，诗兴大发，写下了著名的组诗《步出夏门行》，其一《观沧海》云："东临碣石，以观沧海……树木丛生，百草丰茂。秋风萧瑟，洪波涌起……幸甚至哉！歌以咏志。"1954年夏天，毛泽东主席游经此地，也写下《浪淘沙·北戴河》词："……往事越千年，魏武挥鞭，东临碣石有遗篇。萧瑟秋风今又是，换了人间。"今天，碣石山风景区内的崖壁上还保留着古人镌刻的"碣石"二字，登临主峰仙台顶，山海奇观尽入眼底，抚今追昔，气象万千。

二、天才诗人——曹植

曹植（192～232），字子建，是魏武帝曹操的第三个儿子，也是建安时期最为杰出的诗人。他文思敏捷，出口成章，才华横溢，留存下大量优秀的诗文作品，并且精于佛教音乐。他生在曹魏皇室，因为特殊的身份遭际，后半生郁郁不得志，因此更受到后世失意文人的景仰与爱戴。

曹植为人率真洒脱，不拘于礼。一天，著名学者、书法家邯郸淳（约132～221）来拜见他，曹植十分高兴，请他入座。当时天气酷热，曹植命侍从打来清水，洗漱完毕，搽了粉，不戴冠冕，赤着胳膊，跳起了胡舞，随后又练了一套“五禽戏”，跳丸、击剑，朗诵了一大段戏词、小说。兴尽之后，才开始穿衣戴帽、收拾仪容，跟邯郸淳探讨宇宙起源、古代圣贤、朝政时事、诗词文章等正式的话题。二人酣畅议论之后，曹植设宴款待邯郸淳，举座之人皆默然无语，没有能比得上两人的口才、见识的。到了黄昏，邯郸淳回到家中，朋友们问他：“曹植这个人怎么样啊？”邯郸淳感慨说，曹植的风采气度好比是“天上的仙人”。

曹操生前十分喜欢曹植，曾经几次想要立他为世子，因此哥哥曹丕对他十分嫉恨。后来曹丕当了皇帝，屡次找曹植的麻烦，想将他治罪下狱。

有一次他命令曹植走七步并且即兴创作一首诗，否则就要治他死罪。曹植略加思索，便迈开脚步，应声吟诵："煮豆持作羹，漉菽以为汁。萁在釜下燃，豆在釜中泣。本自同根生，相煎何太急！"诗的大体意思是：豆秸和豆子本是同一条根上生长出来的，人们燃烧豆秸来煮熟豆子，两者都要毁灭，豆子因此在锅里暗暗哭泣。曹植用这首诗暗指自己与曹丕明明是亲兄弟，后者却屡屡对自己加以迫害。曹丕听后不禁十分惭愧，念及兄弟之情，没有杀曹植，只是把他贬到外地去了。后来人们就用"煮豆燃萁"比喻兄弟自相残杀，用"七步成诗"或"七步成章"比喻一个人才思敏捷，很有才华。

曹植像

曹植被曹丕徙封东阿王，后来又改封陈王，长久地远离自己青少年时生活的都城洛阳一带，朋友凋零殆尽，并且时时受到猜忌，内心

自然十分苦闷，于魏明帝太和六年（232）十一月郁郁而终。因曹植当初登鱼山时“喟然有终焉之心”，其子曹志遵其遗愿，将其迁葬在东阿鱼山。

曹植墓遗址位于山东省东阿县城东南约17千米处的鱼山西麓，始建于魏明帝青龙元年（233）三月，墓地占地面积约80万平方米，墓向坐东朝西。据说曹植之所以选择面向西方，大概是为了面向故国——邺城、许昌和洛阳。这里南临黄河、小清河，群山连绵，山水映带，风景优美。墓前左侧立有清光绪二十五年（1899）重修的碑楼一座，碑楼内放置着隋代所立的曹植墓碑。附近住着不少曹姓人家，有的还自称是曹植的后代。当地人对曹植感情很深，这一现象已成为东阿这个鲁西古老县城的一种文化精神的象征。曹植墓先后被列为山东省重点文物保护单位和第四批全国重点文物保护单位。鱼山因此也成为著名的旅游景点，吸引着中外游客前来凭吊观光。

三、“真男子”——孔融

孔融（153～208），字文举，生于山东曲阜，是中国古代大思想家、教育家孔子的二十世孙，为“建安七子”之一，是一代文章宗师，同时也是汉魏之际一位个性鲜明的大名士。孔融自幼聪明机灵，言语敏捷，他7岁时，有一次父亲买了一些梨子分给孩子们，别人都

去捡大的，唯独孔融拿了个最小的。父亲感到很奇怪，问他原因，孔融说："我年纪最小，应该吃小的梨，大的就让给哥哥们吧。"众人听了他的回答都觉得很惊奇。他十几岁时，前往洛阳拜访当时的河南尹（"尹"是古代京都及其所辖地区的行政长官）、大名士李膺（yīng英，110～169），对李家的守门人说："我是你家主人旧交的子弟。"进去后李膺问他："你自称是我旧交的子弟，你的祖父辈与我有旧吗？"孔融回答说："过去我的先人孔子与您的先人老子李聃有师生之谊，因此我与您是世交。"在座的宾客们无不感到惊奇。众人中一个叫陈韪（wěi韦）的不以为然地说："小时候聪明伶俐的人，长大后未必出色。"孔融反驳道："照这样推断，想必您小的时

中国传统建筑廊画上"孔融让梨"的故事

候，一定是非常聪明伶俐了。”陈韪无话可说，尴尬不已。

孔融曾任北海相（“相”是郡的行政长官），政绩突出。后来投到丞相曹操麾下，深为曹操倚重，历任要职。孔融为人侠肝义胆，是一个救危济弱的义勇之士。东吴名士盛宪，字孝章，是孔融的好友，为人正直高洁，因看不惯孙吴的腐败政治，愤而辞去吴郡太守之职，赋闲家居，因而遭到军阀孙策、孙权的嫉恨迫害，把他下狱问罪。孔融便给曹操写了一封书信——《论盛孝章书》，请求曹操施以援手。曹操接信后，立即征召盛宪为骑都尉，可惜征命未至，盛宪已为孙权杀害。孔融救友的义举被传为千载佳话，深为宋代大诗人苏轼所敬佩，苏轼在《桄榔杖寄张文潜》一诗中称他为“真男子”：“遥知鲁国真男子，独忆平生盛孝章。”

对于丞相曹操，孔融每每上书直谏，言辞激烈，让曹操下不来台。曹操打败军阀袁绍后，他的儿子曹丕将袁绍美貌的儿媳甄氏纳为夫人，孔融对此看不惯，于是加以冷嘲热讽。曹操下令禁酒，孔融两次上书提出反对。孔融还把母子之间的关系比作是瓶中装物，胎儿离开母体后彼此也就没什么联系了，这种言论在当时可以说是惊世骇俗。早就对他头痛不已的曹操，借此缘由以“败伦伤理”的罪名将他处死，委实令人叹惋。

四、少年狂士——祢衡

孔融生前十分欣赏的一位名士是祢衡（173～198），两人是忘年之交。祢衡曾称赞孔融为“仲尼不死”，孔融则说祢衡是“颜回复生”，可见二人的知音之情。祢衡能言善辩，博闻强识，有过目不忘的本领。一次，他跟朋友一起出游，看到一篇由大学者蔡邕（yōng雍，133～192）题写的碑文，朋友很喜欢这篇文章，可惜没能抄录下来，回来后十分懊恼。祢衡说：“我虽然只看了一遍，但还能记住，只有两个笔迹残缺的字没看清楚。”说完，他把碑文的内容默写了出来，后来这个朋友派人将碑文抄回，与祢衡默写的核对，竟然一字不错。大家听说了都不由得为祢衡的惊人记忆力所折服。

祢衡是当时出了名的狂士，恃才傲物，说话直率，经常评论人物，因此得罪了很多人。他公然宣称曹操手下的臣僚，除了“大儿”孔融、“小儿”杨修，还有荀彧（yù育）勉强可以说说话外，其余的都是泥偶木桩，了无生气。一天，曹操与百官宴会，祢衡忽然在座位上皱眉长叹。有人问他为何叹息，祢衡答道：“坐在一群尸体一样沉闷的人中间，我怎么能高兴得起来呢？”惹得在座的众人皆恼怒不已。

曹操虽然爱其才，但也忍受不了他这种狂傲的个性，逐渐开始厌恶他，后来就将其贬为鼓吏。在中国古代，鼓吏、倡伶等职业的地位是

十分低下的，曹操这么做正是想羞辱祢衡。到了朝会试鼓这天，祢衡从容上场，演奏了一曲动人心魄的《渔阳掺挝》，鼓声悲壮慷慨，音节精妙铿锵，在座的官员都为之赞叹不已。表演完毕，演奏者按例应换上苍黄色的鼓吏专用服装来见曹操。祢衡不肯穿，监礼的官员便呵斥他。这时只见祢衡当着曹操与满堂朝臣的面，从容自若地脱掉身上旧衣，赤裸而立，又一件一件地穿上鼓吏的新衣，然后将曹操大骂一顿，扬长而去。曹操笑着说道："我本想侮辱一下祢衡，没想到反被他羞辱了。"后来，曹操还是借江夏太守黄祖之手杀死了狂傲的祢衡，他死时年仅26岁。至今，中国京剧中仍保留有《击鼓骂曹》这出老生传统戏目。

五、竹林领袖——阮籍

阮籍（210～263），字嗣宗，陈留尉氏（今属河南）人。"建安七子"之一阮瑀（yǔ禹）之子。阮籍是魏晋时期著名的文人集团"竹林七贤"的灵魂人物之一，他好谈老庄，善于长啸，性格狂傲不羁，不拘礼法。他3岁时父亲就病亡了，从小与母亲相依为命。阮籍年少时博览群书，有建功立业的远大志向，然而后来一次次目睹当时政治集团之间的惨烈屠杀，他的理想慢慢破灭，对现实的污浊残酷有了清醒的认识。于是他开始远离世事，整日酣醉畅饮，以此来排解心中的失落与痛苦。

阮籍像

阮籍有一项绝技，能为“青白眼”，来表达对别人的厌恶或是欣赏。阮籍的母亲去世以后，礼俗之士嵇喜前来吊丧，阮籍内心十分反感，便用白眼看他，嵇喜非常生气地走了。后来嵇喜的弟弟嵇康听说了这件事，就带着酒、挟着琴前来拜望。阮籍与嵇康意气相投，十分高兴地用青眼以对。

阮籍还常常借酒来消解胸中块垒，曾大醉了两个月以躲避魏国当权者司马昭的联姻请求和权臣钟会等小人的迫害。世道险恶，人生难测，他只得“发言玄远，口不臧否（pǐ痞）人物”，把不平与愤懑和着苦酒吞到腹中。阮籍在自己的诗歌中形容内心的煎熬好比“胸中怀汤火”、“终身履薄冰”，这正是他给自己分裂的灵魂所判的西西弗斯式的精神酷刑。

阮籍为人率性放达，蔑视封建礼教，史书记载他多次做有违礼教的事：邻居家卖酒的少妇很漂亮，他和好友王戎便常跑去喝酒，醉了就睡在少妇旁边，少妇的丈夫一开始怀疑他图谋不轨，观察了一段时间后，发现他也并没有别的举动，就放心任他去了。阮籍邻居家有一个还未出嫁的女子，相貌美丽，通晓诗书，可是年纪轻轻不幸得了绝症去世了。阮籍从未见过她，听说了这件事后，很是为这个年轻美丽生命的凋零而惋惜，就跑到女孩的家里哭吊了一场，众人都觉得不理解。还有一次，阮籍的嫂子回娘家，他不顾“男女授受不亲”的古训，跑去跟嫂子告别。有人讥笑他不守叔嫂之礼，他理直气壮地回答道：“礼岂是为我辈所设的吗？”无可讳言，阮籍的放荡不羁固然有佯狂自保的成分，但更多的则是他真情至性的自然流露。由以上行为，可见他对女性美的渴望和欣赏，正如学者们所指出的，阮籍“爱美的（amateur）性格却是本真的，而且是一种柏拉图式的品格，与情爱型

（amatory）唯色欲是务大异其趣。这一点在中国传统的两性关系乃至中国传统文化史上都是不可等闲视之的一缕光辉，值得大书特书”[①]。

阮籍曾经到广武山凭吊楚汉战场，他在此登高长啸，感叹“时无英雄，使竖子成名”，实为览胜迹而抒怀，借古讽今，从中也可看出阮籍心有济世之志而不能实现的愤慨苦闷。

广武山位于今河南省荥阳市东北，山上有城，称为“广武城”。广武山地理位置重要，是古代的交通咽喉，历来为兵家必争之地。广武山上有一条由南向东北的巨壑，历史上称为“广武涧”，是秦朝末年楚汉相争的古战场。公元前203年，刘邦的汉军趁项羽东击各地之机，出兵夺取成皋，后屯兵广武，阻挠楚军西进。楚王项羽急忙率兵西来，也屯兵广武，与汉军隔涧对垒，两军在此连番争夺，相持数月，最终因楚军缺粮，军心涣散，再加上韩信也率大军击楚，项羽被迫与刘邦约和，以广武涧为界中分天下。但项羽由此逐渐走向失败，一年后在垓下兵败自刎。

阮籍衣冠冢位于江苏省南京市第四十三中学内，为明万历万年间（1573～1620）修建，有墓冢、墓碑，四周绿树环绕，一派静穆气象。如今，它已成为游客凭吊阮籍的风景名胜。

① 河满子：《中古文人风采》，上海古籍出版社1993年版，第105页。

六、理想殉道者——嵇康

嵇康（223～262，或224～263），字叔夜，谯国铚县（今安徽宿州）人。他是“竹林七贤”的精神领袖，也是魏晋时期最有人格魅力的天才横溢之士。如果说阮籍是死于苦闷，那么嵇康则是死于刚直。嵇康是曹魏宗室的女婿，却因看不惯司马昭把持的高压政治，不愿与之合作，转而退守山林，一直隐居山阳县，过着诗酒吟啸、弹琴锻铁的隐士生活。他生得龙章凤姿，气质天然，工诗能文，兼修书画，精通乐理，尤其是弹得一手好琴，是个才华横溢的艺术大师。

嵇康向往老庄自然，追求自然真率的人格美理想。他性格清高孤傲，嫉恶如仇，厌恶虚伪的名教。一天，他和好友向秀（约227～272）正在树阴下打铁，大将军司马昭的宠臣钟会带着大批侍从来拜访他，嵇康十分讨厌这个沽名钓誉、善弄权术的年轻人，虽然嵇康个人修养极高，喜怒不形于色，但还是抑制不住对钟会的憎恶，于是对他不理不睬。钟会在旁边默默待了一会儿就起身要走，这时嵇康问他道：“何所闻而来，何所见而去？”钟会是个聪明人，应声答道：“闻所闻而来，见所见而去。”这次不愉快的拜访给嵇康的死埋下了祸因。

后来，嵇康的好友、吏部尚书山涛（205～283）向皇帝举荐他做

官，嵇康因朋友竟然不了解自己而无比伤心，为表白自己不与司马氏合作的决心，嵇康写了一封长信《与山巨源绝交书》给山涛，表示要和他断绝朋友关系，信中还写到自己“非汤武而薄周孔”、“越名教而任自然”的叛逆行为，公然与司马氏所把持的朝廷对抗。此举惹恼了当权者司马昭。

嵇康与吕巽（xùn训）、吕安兄弟友善，吕安的妻子被其兄吕巽强奸，吕安一气之下就要休妻，并打算起诉其兄吕巽。吕巽惶恐，连忙恳请嵇康居中劝解，嵇康出于对朋友负责，立即劝止住吕安，把此事平息下来。但吕巽还是担心吕安日后会变卦，便恶人先告状，控告吕安不尽孝道，吕安被判流放之刑。面对吕巽这种背信弃义的行为，嵇康气愤已极，一面修书跟吕巽绝交，一面挺身而出为吕安作证，因此也被官府拘押。小人钟会乘机劝司马昭除掉嵇康，这正中司马昭下怀，他遂将嵇康下狱。当时的名士们听说这件事后纷纷要求替嵇康入狱，三千名太学生一道上书为他求情。司马昭看到嵇康有这样大的影响力，更要杀一儆百，下定决心将他早日除掉，最终以“言论放荡，非毁典谟”之罪名判其死刑。

到了行刑这一天，嵇康被押到洛阳东市，他神色不变，从容镇定，抬头看看天色还早，就索琴弹奏了一曲《广陵散》。嵇康是个天才的音乐家，琴技高超，这首《广陵散》据传是仙人所授，他还没有

来得及传授给别人。一曲终了，琴音袅袅不绝，嵇康长叹一声，说道："以前有人想跟我学这首琴曲，我没有教给他，可惜啊，我死后《广陵散》怕是要从此失传了！"说罢，从容赴死。海内之士，莫不痛惜。

英国哲人培根说："死亡不能改变伟大的灵魂。"一生坚守理想、"性烈而才隽"的嵇康，至死也不曾低下他那骄傲的头颅。他的死，是生命为理想所作的殉葬，是艺术高贵凄美的凋零，也是超越历史烟尘的不朽与永生。嵇康伟岸高洁的人格美对中国文化的影响至为深远。

七、道德楷模——裴楷

裴楷（237～291），字叔则，河东闻喜（今山西闻喜）人。他历仕曹魏、西晋，官居要职，然却以性格清明通达闻名于当时，是魏晋时期的名士代表之一。他年少时聪颖慧朗，以妙解《老子》、《周易》而知名。裴楷为人矜持稳重，淡泊名利，不像当时的大多数贵族子弟那样标榜个性，举止怪诞，而是有自己待人接物的特定准则。这种不为流俗所左右的人生态度，才是名士风范的真谛。

裴楷长得身材伟岸，容貌秀美，风神潇洒，气度不凡，被称赞为"玉人"，见过他的人都说："见到裴楷，就如在碧玉做成的山上行走，只觉得光彩照人。”裴楷品德高尚，有仁人之风，与西晋贵族大多贪吝敛财的行为不同，他行止节俭，慷慨好施，经常分散自己的钱财来接济贫穷的亲友们。有人问他这么做的原因，他解释说：“损有余以补不足，天之道也。”

裴楷长于辞令，能言善辩，令人叹服。晋武帝司马炎（236～290）做了皇帝后，有一次在朝堂上抽签卜问西晋王朝能传承几世，不料抽到一个十分不吉利的“一”，他顿时很不高兴，大臣们也都吓得脸色发白，不知道该说什么好。这时，裴楷从容对皇帝说道：“我听说天因为‘一’而清朗，地因为‘一’而安宁，王侯因为‘一’而能使天下贞正。”这是根据《老子》的哲学思想，认为“一”是数字的开始，也是万物的源头与归宿，天、地、王侯得“一”而可以享有各自的最高境界，因此西晋王朝得“一”也会长治久安。经他这么一解释，晋武帝顿时龙颜大悦，大臣们也为裴楷的机智所折服。

还有一次，大名士阮籍的母亲死了，裴楷听说后就去吊唁，当时阮籍披头散发、醉醺醺地坐在床上，对裴楷很不礼貌，裴楷并不在乎，自顾自地行礼，哭吊完毕就回来了。有人问他：“阮籍如此无礼，你又何必以礼相待呢？”裴楷回答道：“阮籍愤世嫉俗，看不惯世俗礼制，跟平常人的想法不一样。而我是遵守礼法的人，所以要以礼法规定的仪式前去吊唁。”裴楷按照自己的原则做人行事，无须模

仿他人，也不必强迫他人接受自己的价值观念，各行其是，这才是真正潇洒自然的名士气度。

八、风流宰相——谢安

谢安（320～385），字安石，号东山，陈郡阳夏（今河南太康）人。他是东晋王朝的宰相，同时也是当时的士林领袖。他出身于显赫的谢氏家族，年轻时就以才名闻世，但为人淡泊名利，多次谢绝朝廷的征辟，长年隐居在浙江会稽的东山，寄情山水，饮酒谈玄，直到30多岁时才开始出仕做官，但不久就挂冠隐居。晋穆帝升平四年（360），在他41岁的时候，权臣桓温气焰嚣张，诛杀异己，谢氏家族也遭遇到空前的危机。在这家国危亡之际，以天下苍生为念的谢安挺身而出，再度出仕，他以超乎寻常的忍耐力与桓温周旋，不慕荣利，韬光养晦，暗暗积蓄自己的实力，十三年后，终于一举挫败了桓氏的阴谋，挽狂澜于既倒。后来又指挥了关系东晋生死存亡的淝水之战，并大获全胜。谢安以其非凡的政治智慧和卓越才华，影响了东晋王朝的发展进程，无愧为中国历史上杰出的政治家，尤其是他那风流儒雅的名士风范，千百年来，令人景仰、爱慕。

谢安以处惊不变、临危不惧、镇定自若的气度胆识著称。一次，他与朋友们泛舟海上，突然天色转阴、风起浪涌，船开始颠簸起来，

大家纷纷变了脸色，只有谢安神态自若，命令船夫继续前行。一会儿风更大、浪更高，这时谢安才说：“既然这样，咱们回去吧？”众人如遇赦令，连忙赞同。

《谢安东山图》

东晋孝武帝宁康元年（373）二月，大司马、大将军桓温想要起兵造反，就以宴请群臣为借口召见谢安、王坦之，预先埋伏下大量兵士，想趁机除掉谢安、王坦之等有威望的大臣。王坦之慌得手足无措，问谢安怎么办才好。谢安神色不变，镇定地说道："东晋存亡，就看我们今天的行动了。"两人一同前往赴宴，王坦之吓得面无血色，谢安却慢条斯理地走到筵席上，义正词严地责问桓温，并高声朗诵嵇康的"浩浩洪流"诗。桓温慑于谢安的气势，最终没敢动手。

孝武帝太元八年（383），淝水之战时，谢安正与客人下棋，这时前线大破敌军的捷报送到谢家，谢安看过来信便放置在一边，继续下棋，对面的客人忍不住问到战况，他才轻描淡写地回答："小儿辈大破贼。"

谢安同时也是清谈场上的翘楚，尤其擅长辩论老庄。王羲之批评清谈空洞虚诞，对国家社稷无益，谢安不同意他的看法，反驳说："秦朝二世而亡，难道也是因为清谈误国吗？"

东晋士人多是西晋覆灭后从北方逃亡过来的，他们很推崇旧都洛阳一带的方言口音，把用洛阳音调吟咏诗词称作"洛生咏"。谢安年轻时落下鼻疾，说话时鼻音很重，因而显得声音低沉重浊，恰像洛阳口音。于是，士子名流们纷纷学他的腔调，然而又学不像，只好用手捏着鼻子以加重鼻音，足见谢安在当时士林的影响之大。唐代大诗人

李白《赠崔宣城》诗云："闷为洛生咏，醉发吴越调。"说的就是这件事。从这则故事可以看出谢安在当时文人阶层中的巨大影响力。谢安身上体现的是"内圣外王，玄礼兼修"的理想人格范式，他既以名士身份预涉清谈文会，又以宰相身份匡扶社稷，文韬武略，风神潇洒，后人遂称他为"风流宰相"。

谢安担任宰相、指挥淝水之战时，居住在今江苏南京夫子庙文德桥南岸的乌衣巷，紧邻秦淮河岸。三国时期这里曾是吴国部队营房所在地，因为当时军士都穿着黑色制服，故以"乌衣"为巷名。六朝时期，门阀士族兴起，这里便逐渐成为王、谢等豪门大族的住宅区。唐朝时，著名诗人刘禹锡游历至此地作《乌衣巷》诗，写道"旧时王谢堂前燕，飞入寻常百姓家"，表达物是人非、繁华不再的感叹，成为世人传诵的名句。

九、千古"书圣"——王羲之

王羲之，字逸少，祖籍琅琊（今山东临沂），晋室南渡后迁居会稽（今浙江绍兴），是东晋时期的大名士，同时也是中国历史上最为著名的书法艺术家，被后人尊为"书圣"。王羲之官至右军将军、会稽内史，人称"王右军"。他出身琅琊王氏，家族显赫，却常年归隐在山林中，登山涉水，遍游各地。他十分喜欢这种无拘无束的隐逸生

活，曾经感慨道：“我最终当以欢乐而死。”他生性洒脱旷放，年轻时有一次恰逢太傅郗鉴来王家选女婿，听说郗家女子贤淑貌美，又是出身高门，王氏子弟们都十分兴奋，纷纷梳洗打扮，穿戴整齐，做出一派端庄严肃的样子。唯独王羲之毫不在乎地袒腹躺卧在东窗下的床上睡大觉。不料，郗鉴对他的率真气度大加赞赏，一眼便挑中了他做女婿。此事传为一时佳话。后来，人们就以“东床”来指代女婿，“东床快婿”也成为理想女婿的专有名词。

王羲之擅长各体书法，少年时跟随卫夫人（卫铄，272～349，曾师承钟繇，妙传其法）学习书法，又学习书法大师张芝的草书、钟繇的隶书，“研精体势”，从而博采众长，隶、草、正、行各体皆精，自成一体，被后人奉为“书圣”。

一次，他外出游玩时见到一个卖六角扇的老妇人，一时兴起，在人家的扇子上每把都题了五个字，老妇人十分不快，王羲之说：“你只要跟人说这是王羲之题的字，每把扇子要价100钱都有人买。”果然，人们争着把这些扇子买走了。后来，老妇人又拿扇子来求字，王羲之笑而不答走开了。

王羲之十分喜欢白鹅。山阴县有一个道士，想要王羲之给他写一卷《道德经》。但王羲之是举世闻名的大书法家，轻易不肯替人抄写经书。于是这个道士就养了一群非常漂亮的白鹅。王羲之听说后跑去看，只见群鹅在水面上悠闲地浮游着，羽毛洁白，顶冠鲜红，鹅颈优雅，叫声悦耳。他立刻被吸引住了，派人去找道士，要求一定要把这群鹅买下来。道士笑着说："如果您肯为我抄写一卷《道德经》的话，我就把整群鹅全送给您。"王羲之欣然同意，提笔给道士写经，抄写完经卷，命人把鹅装进笼子里，兴冲冲地带着回去了。据说，王羲之喜欢鹅与揣摩书法有关系。从这则轶事中我们可以看出王羲之潇洒率真的名士风度。

在今浙江省绍兴市西南14千米处的兰渚山下，有一处兰亭，是王羲之当年的隐居处，这一带丘壑起伏，竹林茂密，清流激湍，是山阴路上的风景佳丽之处。晋穆帝永和九年（353），王羲之邀请谢安、孙绰、郗昙等41位文人雅士，在兰亭宴饮集会。众人饮酒赋诗，并编成诗集，由王羲之写下了一篇324字的序文，这就是被誉为"天下第一行书"的《兰亭集序》。

历史上，兰亭原址几经兴废变迁，现存兰亭是清朝康熙年间（1662～1722）绍兴知府沈启在明代旧址上重建的，基本上保持了明清园林建筑的风格。兰亭布局以曲水流觞为中心，四周环绕鹅池、小兰亭、流觞亭、御碑亭、临池十八缸、王右军祠、书法博物馆、古驿亭等，融秀美的山水风光、雅致的园林景观、独有的书坛盛名、丰厚的历史文化积淀于一体，以"景幽、事雅、文妙、书绝"四大特色而享誉海内外，是魏晋文化的重要名胜古迹，也是当今著名的旅游景点。

王羲之墓位于浙江省嵊州市城东约20千米的金庭镇瀑布山上，这里古柏参天，飞瀑直泻，青山环萦，碧溪绕流，风景秀丽。据史书记载，王羲之晚年因与自己的上司、骠骑将军王述关系不好，便称病辞官，迁来金庭，死后即葬在此地。现在的石坊是王氏后人于清道光二十九年（1849）所建。石坊东北面，是依坡而下的山涧，日夜飞溅着白色的水花。每到下雨天，就能在半山腰上看到龙潭瀑布，飞瀑从龙潭直下，犹如帘子一样，为此地一大景观。王羲之墓系用青石板砌成，墓顶长满绿草。墓的前方是一座单檐挑角的方形石亭，亭中竖立着一块青色墓碑，正面写着“王右军墓”。

王羲之故居的碑林

十、天才画家——顾恺之

顾恺之，字长康，小字虎头，晋陵无锡（今江苏无锡）人。他是东晋最杰出的画家，尤其擅长人物画，谢安曾称赞说：“顾长康的画，亘古未有。”他天生率真随性，人们说他有三绝：才绝、画绝、痴绝。关于顾恺之性格的“痴”，有很多有趣的小故事。他曾经将一箱密封好的画作寄放在大将军桓玄家，约定过段时间后来取。桓玄想要捉弄他，就将画取出，然后把封印按原样封好。几天后，顾恺之来取画，开箱后一看画作全不见了，箱子上的封印却完好如初，顾恺之十分不解地自言自语：“难道是我这些画的笔法太过精妙，以至于通灵成仙而去了吗？”其单纯率真如此。

顾恺之很相信道家神仙方术之说，一次桓玄送给他一片柳叶，对他说：“这是远古时的神叶，用来遮住自己，别人就看不见你了。”为了让顾恺之更加相信，桓玄故意装作看不见他，当着他的面小便，这下子顾恺之深信不疑了，遂将这片柳叶视为珍宝。

顾恺之喜欢吟咏诗歌，并且很为自己的吟咏水平自豪，他的住宅与诗人谢瞻的官署连着，每逢二人一起值班的时候，顾恺之都要在月夜里长吟，谢瞻隔墙在自己的署衙里欣赏赞叹，顾恺之于是更加卖力地吟咏。一次，谢瞻困得实在受不了了，想去睡觉，就叫手下人代替自己听

《洛神赋图》（局部）

着，顾恺之不知道隔壁换了人，兴致勃勃地一直吟咏到天亮才罢休。

顾恺之的代表作有《洛神赋图》、《女史箴图》等。他画人物有自己的一套理论：他画完人物的肢体、面容后，却不马上画眼睛，有时空着长达几年。别人看了后感到很奇怪，就问他原因。顾恺之回答："四肢身体的美丑，都与人物的神韵关系不大。真正能反映一个人的风神气度的，正是眼睛啊！"所以，顾恺之画人物，对眼睛最为慎重，一定要画出人物的内在神韵，所谓"眼睛是心灵的窗户"，就是这个道理吧。顾恺之"传神写照"的绘画理论，与魏晋人物品藻和诗文评价的重神韵、忘形骸是相通的。顾恺之这一画论，对于中国画的画风影响很大，是中国古典绘画的奠基性理论。

十一、田园诗人——陶渊明

陶渊明

陶渊明（约365～427），一名潜，字元亮，寻阳柴桑（今江西九江西南）人，是东晋时期著名的隐士，也是中国历史上最杰出的田园诗人。他的曾祖父陶侃是东晋开国元勋，官至大司马。祖父陶茂、父亲陶逸也都做过太守之类的官，可惜父亲早逝，家道中落。陶渊明自幼志趣高洁，任真自得。晋孝武帝太元十八年（393），他在29岁的时候，因为家道中落，为生活所迫，始入仕途，此后做过十几年小官吏，最终因不堪官场的繁文缛节，于晋安帝义熙元年（405）十一月，毅然辞去仅仅做了81天的彭泽县令一职，从此躬耕田园，诗酒卒岁。

陶渊明是东晋名士中的一位特立独行者。他远离当时的名士群体，只是当时人眼中的一个隐者，却无意间成为了魏晋风流的最好写

照。在东晋名士们或寄情山水、或醉心玄理、或沉浮宦海的时候，陶渊明独独选择了田园，并且一直隐居到自己生命的终点。他爱饮酒，自称“偶有名酒，无夕不饮，顾影独尽，忽焉复醉”，他写了几十首饮酒诗，字里行间都弥漫着挥之不去的酒香。可是他并不像有些人那样放肆纵饮，而是尽欢则止，酒醉则眠。他勤勤恳恳地躬耕在浔阳，南山种豆，东篱采菊，闲来与邻里父老们谈谈桑麻稼穑之事。他也作赋写诗，“暧暧远人村，依依墟里烟”，“狗吠深巷中，鸡鸣桑树颠”，“山气日夕佳，飞鸟相与还”，一派祥和安静、怡然自得的田园景象。甚至连魏晋人始终困扰的生死问题，在陶渊明这里也是“纵浪大化中，不喜亦不惧”的超脱淡然。“云无心以出岫，鸟倦飞而知还”，云开花落，悠然闲远，他眼中的世界总有一种“天地四时大美无言”的诗意。他开创了中国诗歌的田园诗一途，诗风清新自然，韵致隽永，对后世诗歌产生了重大的影响。他那物我冥一、自在自得的生存范式里，深蕴着魏晋玄论“独化于幽冥之境”的终极旨意，真正实现了魏晋名士冲淡平和、逍遥率真的人生旨趣。生前寂寞的诗人陶渊明，身后终于作为一个时代的精神符号，成为此后千余年间中国知识分子超脱自由的思想皈依。

陶渊明不仅是一个“浑身是静穆”（鲁迅语）的世外闲客、孤山名隐，而且他还有壮怀激烈、“金刚怒目”的另一面。他少年时即怀有“大济苍生”的雄心壮志，希望像曾祖父陶侃那样建功立业，一展抱负。在他的诗中，曾流露了这种情怀：“忆我少壮时，无乐自欣豫。猛志逸四海，骞翮思远翥。”这种济世抱负，在他的一生中未尝须臾忘怀，直到晚年，他还在高唱“丈夫志四海，我愿不知老”。诚如鲁迅先生所说，陶渊明“除论客所佩服的‘悠然见南山’之外，也还有‘精卫衔微木，将以填沧海。刑天舞干戚，猛志固常在’之类的‘金刚怒目’式，在证明着他并非整天整夜地飘飘然”[①]。

陶渊明又是一个感情极其丰富的人，其立身行事，出处进退，本乎一个“情”字；其诗文辞赋，托兴写怀，怀亲、教子、笃友之意，恳恳殷殷，亦本乎一个“情”字。其胸怀旷达闲远，其情感至真至纯，其性格率直任真，其诗文率然天成，因而具有无与伦比的人格魅力和艺术魅力。晋安帝义熙元年（405）十一月，适值同父异母、相依为命的程氏妹病逝于武昌，闻此噩耗，他在“情”与“仕”、富贵和贫穷之间迅速地作出了选择，毅然决然地辞去了仅仅做了81天的彭泽县令一职。这种选择对陶渊明来说，是他一生中最重要的一个转折点，从此，他的人生进入了一个全新的境界。

① 鲁迅：《且介亭杂文二集·“题未定”草（六）》，人民文学出版社2006年版。

陶渊明死后葬于今江西省九江市庐山西南的面阳山南坡，北依汉阳峰，南为黄龙山。墓地选址在此是为了满足陶渊明“居止次城邑，逍遥自闲止”的意愿，又有“采菊东篱下，悠然见南山”的情致。陶渊明死于宋文帝元嘉四年（427），谥号为“靖节”，故他的墓又称“靖节墓”。陶墓坐北朝南，墓碑为三块碑石组成，碑头形如“山”字，碑石首横“清风高节”四字，碑石中间直刻“晋征士陶公靖节先生之墓”，左有《五柳先生传》、《墓志》二碑，右有《归去来辞》及勒碑人姓氏、年月，系清乾隆元年（1736）仲秋重修。

陶渊明墓东南山麓间还建有陶靖节祠，祠内有陶渊明神龛、塑像，殿内保留着众多文人墨客纪念陶渊明所作的碑刻、题字、匾额等。另有陶渊明纪念馆，为明清时代江南民居的建筑风格，青砖黛瓦，朱柱翘檐，骆驼山墙，花石点缀。馆内陈列着《陶渊明集》历代版本、陶学研究论著、陶公大事年表、陶公活动遗址图片、以陶公靖节为题材创作的书画等。

十二、咏雪才女——谢道韫

谢道韫（约339～约408）是东晋时期的一位著名才女，她很好地体现了魏晋风度对当时贵族女性的影响。人们常用一个成语“林下风气”来形容女子气质不凡、俊逸洒脱，这个典故最早就是魏晋人用来形容谢道韫的，称赞她虽为女子，却有“竹林七贤”那样的风神气度。

她出身显赫的谢氏家族，父亲是东晋安西将军谢奕，叔父是东晋著名的宰相谢安，弟弟谢玄（343～388）是东晋名将，著名的“淝水之战”的前锋都督。谢道韫从小就受到良好的贵族教育，加上聪明颖悟，才思敏捷，她的才华和个性在谢氏子弟中显得格外突出。一天，谢安召集子侄一辈的孩子们共聚一堂，探讨诗词文章。这时外面下起了大雪，谢安即兴吟了一句诗：“白雪纷纷何所似？”他的侄子谢朗接口：“撒盐空中差可拟。”谢道韫应声道：“未若柳絮因风起。”谢安听了，十分赞赏侄女的才华，众人也都认为谢道韫把大雪比作纷飞的柳絮，比谢朗的说法更加贴切而有意境。后来人们就用“咏絮才”来指代才华横溢、聪明机敏的女性。在人们的心目中，谢道韫是中国无数才女的杰出代表，“谢道韫”三个字已凝结为一种文化象征符号。

谢道韫后来嫁给了大书法家王羲之的次子王凝之（？～399），王凝之虽然也是一个名士，但与谢道韫的文采与机智相比就显得有些平庸了，加之王凝之一心修道，谢道韫内心常常感到悒郁苦闷。晋安帝隆安三年（399），东晋发生了孙恩叛乱。王凝之时任会稽的行政长官，叛军来袭时他竟然寄希望于神仙道术来击退敌兵，不及时组织军民进行抵抗，结果连同自己的儿子一起被敌人杀害。谢道韫连失丈夫、儿子，心情悲痛不已，但也只能忍住悲伤、冷静应对，她吩咐丫鬟仆人们收拾好东西，带上刀枪武器，领着只有几岁的小外孙离家出逃。一路上她几次带领家丁与敌人搏斗，最后还是被数量众多的敌军俘获。叛军首领孙恩讯问谢道韫，只见她毫无惧色、正气昂然，孙恩不禁为这个才女过人的胆量与气度所折服，便命令手下释放了她。谢道韫生平所作的诗赋至今仍有不少流传。

第三章

成语典故篇

成语是汉语中一道亮丽的风景线，蕴含着一个个故事或者典故，是一种高度浓缩的文化精华。这些成语或典故言简义丰，具有很强的表现力与感染力，对中国文化的影响至为深远。魏晋士人的高洁情怀、风雅韵事，在后世逐渐凝结为一个个耳熟能详的成语，其数量之多、形象之生动、影响之大，可谓空前绝后。像“才高八斗”、“卿卿我我”、“闻鸡起舞”、“一往情深”、“桃花源”等，这些成语或典故，代表了魏晋士人独特的精神气质、思想追求和美学理想，折射出他们睿智机敏、浪漫旷达、诗意盎然的生活风貌。透过它们，我们也可以感知中国历代文人墨客对魏晋风度的由衷向往和景慕。

一、才高八斗

曹植自幼博闻强识、才思敏捷，十多岁时已经能诵读多部古代文学经典，尤其擅长写作。他的父亲曹操怀疑儿子小小年纪不可能写出这么华美的文章，就问他：“你老实告诉我，是不是请人替你写的？”曹植很委屈，说：“我的话一出口就是论述，笔一落到纸上就是文章，何苦要请人代笔呢？您如果不信，可以当面再试一下嘛。”当时邺都的铜雀台正好刚建成，曹操即席命题，叫他的儿子们各写一篇赋。曹植拿起笔来，一口气写成《铜雀台赋》，思致隽永，文辞优美，众人看了都赞赏不已。

曹植一生创作了大量千古流传的诗歌佳作。南朝刘宋时代有个叫谢灵运（385～433）的大诗人，山水诗写得非常好，很受文人雅士的喜爱。他性格非常自负，却独独佩服曹植，常对人说："天下的文学之才共有一石（一种容量单位，一石等于十斗），其中曹植一个人就独占了八斗，我得一斗，天下其他人共分一斗。"从他的话中可以看出曹植在后世文人心目中的分量。后来人们就用"才高八斗"或"八斗之才"来形容一个人文才出众、才思敏捷。

二、傅粉何郎

魏晋人以白为美，很多贵族名士都有搽粉的习惯。名士何晏是一个姿容俊秀、风度翩翩的美男子。他本来就长得美，又很喜欢修饰打扮，走路都要时时顾看自己的影子，常随身带着粉白，以面色光洁白皙而闻名于世。魏明帝曹叡怀疑何晏皮肤白是因为脸上搽了一层厚厚的粉，于是，他找了个大热天把何晏召进宫来，赏赐他一碗热汤面吃。不一会儿，何晏就热得大汗淋漓，只好用自己穿的红衣服擦汗。可是他擦完汗后，脸色却显得更加皎洁胜雪，曹叡这才相信何晏是天生皮肤白皙。后人就把"傅粉何郎"作为一个典故，用来形容长得白净漂亮的美男子。如唐代大诗人刘禹锡在《题于家公主旧宅》一诗中，就有"何郎独在无恩泽，不似当初傅粉时"的诗句。

何晏是正始年间的清谈领袖，他因为从小体弱生病，需要经常吃一种叫“五石散”的丹药来开明神思、强健体质，没想到天下人把这当作时尚，争相效仿，因此引领了整个魏晋时代贵族阶层的服药风气。这大概就是名士的社会影响力。

三、穷途之哭

竹林名士领袖阮籍性格狂放不羁，十分蔑视礼俗之士。于是，世上那些虚伪造作的礼俗之士，痛恨阮籍就像见了仇人一样。

他常常独自驾着车出游，信马由缰地乱转，走到哪里算哪里。每当无路可走时，便大哭一场，按原路返回。从这件事中可以看出，阮籍表面上放达潇洒，内心其实郁积着深重的苦闷悲痛。后来人们就用“穷途之哭”形容一个人因为无路可走而悲伤，或是因为处境艰难、前景渺茫、理想不能实现，而感到痛苦绝望。“初唐四杰”之一王勃的千古名文《滕王阁序》中就用到这个典故：“阮籍猖狂，岂效穷途之哭？”

四、卿卿我我

王戎，字濬冲，是魏晋时期的一位大名士，“竹林七贤”之一。他自幼聪慧，风神秀彻。仕晋，历官太子太傅、中书令、司徒，位高望重。他的妻子常常当着众人的面称呼他为“卿”。“卿”是古代长辈称呼晚辈，或者朋友、平辈之间表示亲热不拘束的称呼。按照中国古代的礼法习惯，夫妻之间应当相敬如宾，不能用这样亲昵直露的称呼。王戎对此感到很苦恼，就对夫人提意见说：“你用‘卿’来称呼我，在礼法上是不够尊敬的，请你以后不要再这样叫我了。”他的妻子听后很不以为然，理直气壮地辩驳说：“我跟你相亲相爱，所以才称呼你‘卿’。我要是没资格称呼你‘卿’，谁还有资格叫你‘卿’呢？”王戎被妻子驳得无话可说，索性就任她这么叫下去了。这个故事从侧面反映了魏晋时期女性地位的微妙上升，以及中国古代礼法关系中“夫为妻纲”这一规定的松动，显示了当时社会风气的新变化。后来人们就用“卿卿我我”来比喻恋人或是夫妻之间举止十分亲昵，有时候带有一点儿调侃的意味。

五、杯弓蛇影

西晋时期的大名士乐广有一位关系很好的朋友，有一次两人相聚宴饮分别后，很长时间这个朋友都没再上门。乐广十分纳闷，就去朋友家问他原因，这个人回答说：“前些天我去你家做客，承蒙你设酒招待，可是我端起酒杯要喝的时候，依稀看见里面有一条小蛇，我当时不好意思不喝，可是喝完回来后就得了重病。”乐广感到很奇怪，

自己家的酒中怎么会有蛇呢？仔细一想，不由得恍然大悟，原来他当天设宴招待朋友的厅堂墙壁上挂着一张角弓，弓上有用漆画的蛇形图案。他立刻明白朋友所说的杯中蛇肯定就是角弓的影子了。但是他当时并没有说破，而是立即邀请那位朋友再去他家做客，并将酒桌安排在与上次相同的位置。然后，他问朋友："今天你的杯子里还能看到蛇吗？"朋友向杯中一看，惊叫道："跟上次看到的一样。"乐广哈哈大笑，向他说明了事情的原委。客人仔细观察酒杯，果然如乐广所说，心情顿时大好，内心的疑团解开，久治不愈的老毛病很快也好了。后来，人们就用"杯弓蛇影"这个成语比喻一个人如果太疑神疑鬼，往往会造成一场虚惊。乐广的做法启发我们，心病还须心药医，一定要对症下药，才能有效地解决问题。

六、枕流漱石

西晋文学家孙楚，字子荆，才华横溢，卓傲不群。年轻时因看不惯社会俗务，想要隐居，就对他的好朋友王济说自己将要"枕石漱流"，意思是躲到山林中过朴素生活，以山石为枕头、用流水来漱口。但他在表达时一不小心说成了"枕流漱石"。王济听后笑着问他："水流怎么能枕着，石头又怎么可以用来漱口呢？"孙楚知道自己口误，但他反应机敏，辩解说："我之所以要枕流，是想用

山泉来洗耳；之所以漱石，是想以此磨砺我的口齿。”“洗耳”是一个典故，相传上古时帝尧要把天下让位给贤者许由，许由是个隐士，志在山林，不愿参与天下世事，就逃跑了。后来帝尧又想召他做九州长，许由认为听到这种话脏了他的耳朵，便跑到颍水之滨去洗耳朵，以表示隐居的决心。孙楚用这个典故来解释自己的口误，非常巧妙而且有学问，很好地表达了自己要像许由一样隐逸山林、不随流俗的意志。后来人们就用“枕流漱石”这个成语来表达隐居的高洁志向。

七、貌比潘安

西晋著名诗人潘岳（247～300），字安仁，所以人们又称他“潘安”。他是中国历史上鼎鼎大名的美男子，不仅诗歌写得好，而且相貌英俊秀逸，身姿潇洒，玉树临风，气质超群，在当时享有盛名。相传潘岳年少时拿着弹弓从京城洛阳的街道上经过，城中的妇女们见到他，纷纷涌过来手拉手围成一圈瞻仰他的风采。后来潘岳乘车外出游玩，连洛阳的老妇人遇见他，都忍不住向其车中投掷瓜果，以示爱意，因此他每次出门回来车子都被瓜果塞满了，由此可见他的美貌程度以及魏晋女性的豪爽开放。相传，当时另一位著名诗人左思（约250～305），相貌丑陋，也穿着华丽的服装学潘岳乘车游赏，结果被

一群老妇人围起来乱唾一顿，他只好狼狈逃跑。潘岳的美貌影响力实在是太大了，他的名字频频出现在其后一千多年的诗词曲赋、古今小说中，成为历代文学作品中描写男性相貌美的代名词。而“貌比潘安”，这也几乎是中国人对一位男性相貌美的最高褒奖了。

潘岳虽然相貌绝美，却是个感情专一、对婚姻爱情忠贞不贰的人。他与妻子杨氏12岁订婚，二十几岁完婚，二人感情一直很深。晋惠帝元康八年（298）杨氏病逝后，潘岳哀伤不已，此后终生未再娶。他还写了《悼亡诗》等诗歌以及一些祭文，寄托自己对妻子的哀思。《悼亡诗》其一云：“望庐思其人，入室想所历。帏屏无仿佛，翰墨有馀迹。遗芳未及歇，遗挂犹在壁。怅怳如或存，回惶忡惊惕。”诗句描写自己睹物思人以致神情恍惚的情形，感人至深，成为后世悼亡诗文的典范。

八、鹤立鸡群

西晋名士嵇绍（253～304）是三国大思想家、文学家、音乐家嵇康的儿子，10岁时父亲嵇康就遇祸而亡，嵇绍奉养母亲非常孝敬。后经父亲好友山涛举荐，出仕晋朝。嵇绍继承了嵇康“富贵不能淫，贫贱不能移，威武不能屈”的高贵品格，为人正直忠贞，慷慨尚义。晋惠帝永安元年（304），时任侍中的嵇绍跟随晋惠帝与成都王司马颖

叛军交战于河南荡阴，不料晋军战败，惠帝的随从们都吓得四处奔走，唯有嵇绍只身护驾，敌人的飞箭从四面八方射来，但嵇绍却紧紧护在晋惠帝身上，流箭穿入嵇绍的身体，鲜血染红了惠帝的御衣。惠帝得救了，可嵇绍却壮烈地牺牲了。平定叛乱后，侍从要给惠帝洗去御袍上的血迹，惠帝伤心地阻止道："这是嵇侍中的血，谁也不准洗掉！"嵇绍忠烈的精神，对后人影响很深，宋代大诗人文天祥就曾在其著名的《正气歌》中高唱："为严将军头，为嵇侍中血，为张睢阳齿，为颜常山舌……"

嵇绍还继承了父亲嵇康的容貌，生得相貌堂堂，器宇轩昂。有一次，他到洛阳去，在京城造成了极大的轰动。人们听说他来了，都跑到大街上，争相围观。有人对"竹林七贤"之一的王戎说："昨天我在洛阳的大街上行走，看到了嵇绍在人群中昂然独立，如同野鹤在鸡群中独舞一般。"王戎回答说："那是自然的，嵇绍是当今天下少有的美男子呀！不过，你可能没有见过他父亲嵇康吧，那风度气质更是出众。"后来人们就用"鹤立鸡群"来比喻一个人的仪表或才能在众人中显得异常突出。

九、华亭鹤唳

西晋大文学家陆机（261～303），文采出众，才思敏捷，为一代名士，但十分热衷于功名政治。成都王司马颖十分爱才，重用陆机，委任他为前锋都督，统领兵士二十余万，进军洛阳，讨伐太尉、大都督、长沙王司马乂（yì义）。陆机知道这场战争胜算不大，就请求辞去主帅职位，但司马颖不允许。将士们看到陆机书生气十足，又是吴人，都不服从调遣，加之他缺乏作战经验，结果损兵折将，大败而归。

宦官孟玖等小人趁机诬陷陆机与司马乂有私，故意兵败。司马颖很生气，听信了谗言，派人抓捕陆机。陆机闻讯后，苦笑着脱去战袍，对两个儿子陆蔚、陆夏说："我很想再听一下华亭谷的鹤鸣声，可惜不能再听到了。"于是平静地接受极刑。华亭是陆机的故乡，在今上海市松江区西。陆机从江南去洛阳之前，跟弟弟陆云一起在华亭别墅游赏、读书十多年。后来人们就以"华亭鹤唳"来指代过往的美好时光，或是用来感慨生平、表达对旧时光的眷恋。

十、闻鸡起舞

晋代名将祖逖（266～321）和刘琨（271～318）是一对好朋友。两人年轻时曾经一起担任过司州主簿，情同手足，形影不离，常常一起讨论建功立业的远大志向。有一次，祖逖半夜在睡梦中听到公鸡的鸣叫声，他醒来后连忙把同床而眠的刘琨叫醒，对他说："人们都认

为半夜听见鸡叫是不吉利的，我却不这样认为，以后咱们干脆一听见鸡叫就起床练剑，你觉得如何？”刘琨欣然同意。于是此后，他们每天听到鸡叫就起床练剑，揣摩招式，苦练膂力，寒冬酷暑，从不间断。两人相互激励、鼓舞，最终都成为文韬武略、才能出众的栋梁之才。此后，祖逖被封为镇西将军，成为北伐名将。刘琨也官至大将军、都督，充分发挥了他的军事才能。后来人们就用“闻鸡起舞”来比喻一个人发愤图强、有远大的志向。

十一、新亭对泣

晋愍帝建兴四年（316），西晋王朝为北方的少数民族所灭，时任丞相的琅琊王司马睿（276～323，即东晋开国皇帝晋元帝）逃到长江以南，次年以建康（今江苏南京）为新都，建立了新王朝，这就是东晋。当时一批跟随东晋皇室南渡的贵族和大臣们，每到风和日丽的天气，就会在长江边上的新亭相聚宴饮，眺望江北的风光。一次，一位名叫周颛（yǐ椅）的大臣触景生情，忍不住在宴席中感叹道：“眼前的风景如旧，只可惜河山已不是旧时的河山了！”经他这么一说，众人不禁回忆起西晋亡国之痛，纷纷痛哭流涕起来。这时，东晋开国宰相王导（276～339）站起身来，高声劝慰众人道：“各位大臣应当团结起来，合力效忠王室，最终光复神州，何至于像亡国奴一样相对而泣呢！”这个故事反映了王导的过人气度，以及东晋初年逃亡到南方的名士们心底的亡国之痛。后来人们就用“新亭对泣”表示怀念故国，又指国家民族危难之时，应当共同面对，而不是像亡国奴一样哭泣。

新亭位于今江苏省南京市西，紧邻长江，视野开阔，风景秀丽，是历史悠久的著名景点。东晋划江而治、偏安江南，新亭具有十分重要的战略地位和军事意义，是保卫首都的西南要塞与近郊军垒，东晋征西大将军桓温等曾在此地驻军。

十二、乘兴而来，尽兴而返

王徽之（字子猷）是“书圣”王羲之的第五子，为人性情潇洒，是东晋著名的大名士。他居住在会稽山阴时，有一天夜里下了大雪，他一觉醒来，睡意全无，就打开房门，命令侍从们热一壶酒来，放眼窗外，四面皆是白茫茫的雪光，于是起身徘徊漫步，吟咏了一会儿左思的《招隐诗》。这时，他忽然想到了自己的好朋友戴逵（字安道），于是当即命人撑上小船，朝着戴安道居住的剡县出发了。剡县离会稽很远，路上足足走了一宿，天快破晓时才到了戴家门前。这时，王徽之忽然又决定不进去了，原路返回了山阴家中。有人听说这件事后觉得很奇怪，问他原因，他回答道：“我兴致来了，就高高兴兴地去；兴致尽了，就心满意足地回来，为什么非得见到戴安道的面

才算结束呢？”来、去皆是因为自己的兴致，不必勉强拘泥，乐趣正在尽兴的过程之中，而不是最终的结果。后来人们就用“乘兴而来，尽兴而返”形容做某件事得到了极大的心灵满足，没有遗憾。

十三、一往情深

桓伊是东晋时的著名将领，字叔夏，小名子野，是个品质高洁、多才多艺的名士。一次他乘车从清溪旁边经过，偶遇乘船进京、正泊舟于此休息的大名士王徽之。二人素不相识，但王徽之听说了桓伊的高名，就请人上岸对桓伊说：“闻君善吹笛，试为我一奏。”桓伊是当时地位颇高的显贵人物，但他十分谦恭，即刻下车，演奏了一支动人的笛曲，奏罢就上车走了，两人自始至终没有一句寒暄，只凭音乐表达对彼此的知音之意。这个故事反映了二人洒脱不拘、自由自在的个性风采，以及他们所代表的魏晋名士们强烈的个性魅力和独特的价值观念。

桓伊是个大音乐家，有很深的艺术造诣，作有笛曲《梅花三弄》。传说他每次听到清悦动人的歌声，都忍不住感慨万千，一个劲地说：“怎么办？怎么办？”谢安知道这件事后，评价说：“桓伊这个人可真是一往情深啊！”美妙的歌声是桓子野感情的触发点，使他不自觉地深情款款，心潮澎湃。后来人们就用“一往情深”来形容对

某件事或某个人的挚爱和不能自已的留恋和喜欢。

十四、我见犹怜

晋穆帝永和三年（347）三月，东晋安西将军、荆州刺史桓温灭了蜀地的成汉朝廷，把成汉后主李势的妹妹纳为自己的小妾，十分宠爱她。桓温的妻子是晋明帝的女儿南康长公主，脾气火暴，十分凶悍。桓温纳妾的事一直瞒着她，但她还是听说了。盛怒之下，长公主拿上刀，领着几十个凶神恶煞的婢女，一路狂奔至李氏女的住处，要亲手杀了她。一进门，正看见这位美女在梳妆，头发浓密垂顺，几乎披散到地上，皮肤像玉石一样光洁美丽。看见长公主来势汹汹的样子，李氏女镇定自若，哀婉地说道："我遭遇国破家亡的不幸，无奈之下来到这里，今日如果能死在你手上，也算完成我的心愿了。"长公主被她的美貌与气度深深地打动，丢下刀上前抱住她说："你这样的女子，我见到你也不禁怜爱，更何况桓温那老家伙呢！"于是此后便待她很好。这个故事里，李氏女的美丽从容固然惹人爱怜，长公主的大度真诚更加令人尊敬。后来，人们便借用"我见犹怜"来形容女子长得温婉美丽、惹人爱怜。

十五、东山再起

东晋名相、文坛领袖谢安出身名门，是赫赫有名的陈郡阳夏（今河南太康）谢氏家族的子弟。他年轻的时候，跟书法家王羲之是好朋友，二人经常与一些志同道合的好友流连于家乡会稽东山的山水之间，观赏胜景，饮酒赋诗。谢安在当时的士大夫阶层中名望很高，大家都认为他是个很有才干的人，但是他宁愿隐居在东山，也不肯出来做官。有人向朝廷举荐他，他无法推辞，便赴任了，但一个多月后就不干了。当时社会上流传着一句话："谢安不出来做官，叫老百姓怎么办？"

晋穆帝升平四年（360），谢安41岁时，由于权臣桓温气焰嚣张，政局不稳，为谢氏家族和朝廷的安全计，更为天下的百姓着想，他毅然复出任职，多年后终于粉碎了桓温的篡晋阴谋。晋孝武帝太元八年（383），谢安又以其卓越的军事指挥才能，成功地指挥了一场以少胜多的著名战役——淝水之战，化解了东晋王朝的空前危机。因为谢安长期隐居在东山，所以人们后来便把他重新出来做官这件事称为"东山再起"，指一个人再度出任要职，也比喻失势之后又重新得势。

十六、桃花源

东晋大诗人陶渊明有一篇脍炙人口的散文《桃花源记》，描写了这样一个故事：东晋孝武帝太元年间（376～396），武陵郡（治今湖南常德）的一个渔夫沿着溪水前行，不知走了多久，忽然看到很大的一片桃花林，树下绿草如茵，枝头桃花盛开，溪水从林中穿过，简直像仙境一样。渔夫觉得很奇怪，就继续往前走，一直走到溪水的源头，发现了一座山，山脚下有个洞口，从里面透出微光。他便从洞口钻了进去，起初洞内狭窄，只能容一个人通过，然而走着走着就逐渐开阔起来，几十步后眼前变成空旷平坦的土地，房屋整齐排列，小路交错纵横，田地肥沃多产，到处是池塘、修竹，村落间鸡鸣犬吠，村子里老人小孩悠闲自得。这里的人穿的衣服跟外面很不一样，见到渔夫都很吃惊，问他是从哪里来的。渔夫如实地回答了，这些人便邀请他到自己家里做客，备酒设宴盛情招待。村民们告诉渔夫，他们的先祖是秦朝时为避乱携家带口逃难至此的，此后就再也没有出去过，对外面发生的事情一无所知。听渔夫讲世上几百年来的战乱纷争，村民们都很感慨。渔夫在此地待了很多天，想要回家去了，临走，这些人嘱咐他不要把桃花源的秘密告诉外面的世人。渔夫出洞后找到自己的

(明)仇英《桃源仙境图》

船往回走，一路做标记，到了郡县，就向太守报告此事。太守派人跟着渔夫去找，却迷路没有找到。此后，便再没有人去过那里。

这是一个带有象征意义的故事，陶渊明有感于现实世界的艰难残酷，就以诗意的笔调描绘了一个自由美丽的理想社会，正如英国文艺复兴时期思想家托马斯·莫尔笔下的乌托邦（Utopia）。桃花源的美丽打动了一千多年来历朝历代的中国人，今天它已经成为人们心中理想世界的代名词。

结语

永恒的魏晋风度

魏晋风度持续了前后不过短短两百多年，然而它在中国文化史上激荡起的回音却在此后一两千年经久不息，从未间断。它那独一无二的美学风貌、特立独行的人生形态、前所未有的时代精神、别开生面的社会风尚，作为一种具有原型意义的文化元素，早已沉潜在中华民族的文明传统之中，烙印在知识分子阶层的性格深处，构成煌煌中国文化长廊里一幅奇谲瑰丽、流光溢彩的特异画卷。

一、魏晋风度的文化意义

魏晋人爱“美”、懂“美”，将对“美”的感性体验上升到理性层面，这是魏晋风度在中国美学史上的巨大意义和贡献。魏晋名士们热衷的人物品藻活动，本身即是文人个性解放、生命觉醒的时代风潮的产物，他们十分偏爱明亮澄澈、晶莹清逸的意象，这种审美取向对魏晋时代的文学创作、艺术风格产生了极大的影响，对于构建中国知识分子的人格精神、塑造士人的审美品格也具有很大的启发作用。这一时期的中国文学和艺术也渐次摆脱了实用功利主义的羁绊，开始发现并强调自身的内在审美价值。诗文的华美辞采，音律的协和流畅，绘画的线条格调，书法各体的笔势风格，雕塑的造型笔法，园林建筑的形制布局，都是以审美价值作为评判标准，对艺术内在特征的开拓与创新。另外，魏晋时期还形成了中国文化史上偏向感性、自然、浪

漫主义的审美趣味。正是在玄学“贵无”思想的启发下，魏晋人摒弃了汉代板滞凝重、宏阔壮大的现实主义审美观，开始注重空灵飘逸、淡远清丽、明澈自然的审美体验，选择了一种纯粹指向精神愉悦的审美观，洋溢着活泼张扬的生命力，深深地影响了此后中国文学艺术创作的趣味与走向。

魏晋风度的理论形态——玄学，书写了中国哲学发展史上至为重要的一页。玄学打破了儒家经学在精神领域的独霸地位，重新激发了士人理性思想的自由与活跃。魏晋清谈等学术活动中大为兴盛的浪漫主义、个性主义、论辩风气、怀疑精神等，正是哲学领域思想解放的成果与表现。这一时期，老庄思想的影响表面上看起来大过了孔孟，但是魏晋人也并非完全放弃了儒家学说，魏晋名士的代表如谢安等人玄礼兼修、亦官亦隐的生存范式，成为此后千百年中国知识分子的最高人生境界和理想人格范式。可以说，正是魏晋名士对道家精神的诠释和复兴、对儒家思想的调和，开启了此后中国士子文人阶层儒道互补的人生模式。著名作家林语堂指出：“道家及儒家是中国人灵魂的两面。”[①] 诚哉斯言。儒家讲究理性、实际，着眼于现实世界，尊重传统权威，积极进取，强调人的社会价值；道家则讲究个性、自由的

① 转引自牟钟鉴、林秀茂《论儒道互补》，载《中国哲学史》1998年第4期。

浪漫精神，注重感性体验，强调超越意识，放浪形骸，着眼于个体的精神世界。二者共同构成中国哲学世界一隐一现的两面。魏晋士人正是经过艰难而长久的思想跋涉，最终为自己以及后世中国文人找到了这条儒道互补的哲学出路。

魏晋的文学艺术创作硕果累累，名士们或能文，或善书，或工画，或精于音律，书写了中国文化史上最为光彩夺目的一页，对后世的中国文化产生了十分深远的影响。曹操、曹植、刘琨等人的诗歌慷慨悲凉、辞采华茂，生命意识高扬，悲剧色彩浓郁，代表了中国诗歌史上的重要美学风貌。陶渊明自然恬淡的田园诗、谢灵运清新隽永的山水诗，正式将自然界的山水田园作为审美对象纳入中国诗歌的殿堂，开启了一种全新的题材类型，为盛唐及其后山水田园诗的繁盛铺平了道路。书法在魏晋时期真正成为一门艺术，涌现出了一大批灿若星辰的书法大家，如钟繇、卫夫人、王羲之、王献之等等，不少名士草书、行书、楷书、隶书、飞白等诸体皆善，王羲之更被后人誉为“书圣”。另外，绘画艺术也取得了极大的突破和发展，成就最为突出的顾恺之，留下了《女史箴图》、《洛神赋图》、《维摩诘像》等众多艺术瑰宝；而他重视人物内在神韵的绘画理论，则奠定了此后千余年中国传统绘画的审美趣味及评价标准。

魏晋风度所代表的开放的精神面貌、诗意的人生形态，千余年来

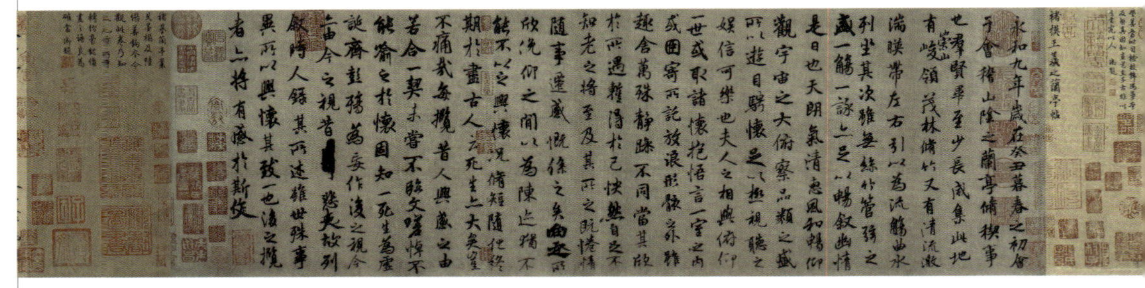

（东晋）王羲之《兰亭序》

一直是中国知识分子心灵深处的一个自由美丽的思想归宿。无论是在文化、政治、思想一元化的统一社会形态下，还是在分崩离析、混乱割据、纲纪松弛的战乱时代中，魏晋风度总能或明或暗地影响着中国士人的进退行止，为中国的文化史增添了不少风流飘逸、率真自然的雅致。

二、魏晋风度的当代价值

魏晋风度所蕴含的纵情任性、率真潇洒、风流自赏、形神超越的时代精神，魏晋名士们所代表的非功利主义的审美态度，正昭示了有别于现代社会的自然人生的意义，为我们提供了喧嚣浮躁的物质文明之外一种真正自由的人生范式。

魏晋人的自由与解放，源自对人生诗意状态的执著追求，以及魏晋名士们艺术创造精神的勃发。他们或者徜徉于《老》、《庄》、

《易》的哲学海洋寻找人生的终极意义；或者沉醉在诗词歌赋、书法绘画、雕塑音律的艺术世界中陶冶完善自我人格；或者于雅宴集会上挥麈清谈，体味思维跳跃、精神碰撞、言辞驰骋的心灵愉悦。东晋大名士殷浩说："我与我周旋久，宁作我。"这种对自我内心的建构与关注、对精神世界的好奇与热情，代表了当时名士的心声，是一个自我觉醒了的时代原始生命活力的勃发。魏晋士人超越了现实功利主义的羁绊，以哲学家的玄学智慧，以艺术家的审美心态，为自己的人生开拓出一片适合诗意栖居的"桃花源"。这种诗意深深地扎根于我们的文化梦境之中，同名理玄谈的妙响清音、弹琴长啸的潇洒风神、山水田园的从容闲适一起，承载着后世文人的精神理想，牵动着物欲横流的社会里现代人遥远的追慕与遐思。

在玄学万物自生、物我两冥的哲学思想指导下，魏晋人普遍具有一种发展的、和谐的宇宙观和世界观。魏晋士人具有悲天悯人的自觉意识、推己及物的高尚情怀，与天地宇宙融为一体、共荣共生，正是不朽的魏晋风流给予我们的可贵启示。现代人习惯了对自然世界的暴虐索取与掠夺，无视客观规律制约人类的同时赋予整个世界的平衡意义，如此发展下去，人类最终将迷失在征服自然的呓语幻梦之中。因为一个物化了的世界，同时也在物化着生活于其中的人类。如何以一个现代文明人的姿态，反思我们固有的生存方式，对宇宙万物存一份

敬畏之心，找回生命力的原始鲜活状态，使人们麻木了的心灵有所警觉、有所依归？对这个问题，我们或许可以从魏晋士人自由随性的生命形态、自然和谐的审美精神中得到某种启示。

三、魏晋风度与世界文明

魏晋风度代表了中国人浪漫精神的极致，是一种逍遥自在的人格真境，也是一种既纵情享乐又充满诗意的人生范式，是中华文化长廊里一幅奇谲瑰丽、流光溢彩的特异画卷。而文明总是相通的，魏晋风度与尼采的酒神精神、文艺复兴的人文精神、德国浪漫美学以及20世纪的西方存在主义美学都有不同程度的相契合之处。这是魏晋风度所代表的中国诗化审美哲学，跨越了地域、时间的隔阂，与世界文明产生的呼应与共鸣。

尼采曾以神话中酒神狄奥尼索斯所代表的狂欢、纵欲、叛逆、冒险等“酒神精神”来阐释希腊悲剧的起源。他认为敏感的古希腊人意识到宇宙法则的残酷、人生苦难的冲突后，为了反抗人的悲剧性命运，选择用酒的虚幻与麻醉来解放自己的生命、释放个体的原始本能。而魏晋风度同样是酒香里浸润出来的生命美学，名士们几乎无一例外地嗜酒如命，他们或是沉醉于酒乡中，全身远祸、躲避迫害，或是借助醉酒来实现孜孜以求的物我两冥、自然无碍的超越境界，在酒

香中求玄味。不管是古希腊人还是魏晋名士，他们都是要将有限的人生艺术化，消解死亡投射在心灵世界中的阴霾，在审美之中超越现实的苦难、把握生命的永恒。

魏晋风流所代表的开放、自由的生命理想，与欧洲文艺复兴时期高扬的人文主义精神也颇有某些相似之处。轰轰烈烈的文艺复兴运动，正是高举“以人为本”的人文主义旗帜，强调“人的发现”、“自我的发现”，以人性反对神性，以个性自由反对禁欲主义，以人的尊严智慧取代宗教神学禁锢，以求解放思想，回归自然天性。这与魏晋时期主张“越名教而任自然”的名士们，有着同样的精神诉求。魏晋士人以老庄玄学来冲击儒家名教对人的自然天性的束缚，更通过纵酒、狂欢、裸袒、违礼等反常行为来张扬自我个性的力量。

从19世纪德国诗人荷尔德林（1770～1843）“人，诗意地栖居在大地上”的深情呼唤，到20世纪德国哲学家海德格尔（1889～1976）“向死而在”、“向诗而在”的存在主义本体论思考，西方浪漫主义美学家一直在探究人类的生死、价值等终极问题。他们最终给出的药方与出路是：以审美为途径的人生诗化。海德格尔认为，只有通过艺术，人类才能寻找到自己的精神家园，运用语言这一中介，可以在艺术王国中建构起一个人与天、地、神谐和共存的和谐世界，从而解决人与自己赖以生存的世界日益分离、矛盾激化的尴尬处境。魏晋士人

所处的时代没有物质膨胀所带来的个体异化问题，然而在如何超越有限与无限的对立、实现生命终极意义的探寻中，他们同样找到了“诗化人生”这条道路。魏晋名士将热情的目光投注于文学与艺术的世界，在诗歌、绘画、书法、音乐、雕塑等各个艺术领域都取得了名垂后世的成就。这种寄情艺术以超越自我的美学意蕴，正与浪漫主义、存在主义哲学的“诗化人生”主张不谋而合。

人类追求的一些终极意义，比如美、自由、诗意、艺术等，总是可以跨越时间、地域、民族、国家、语言等种种障碍，唤起彼此心灵深处的理解与感动。正是基于此，魏晋风度所代表的美学精神与生命范式，不仅可以跨越千年的时间隔阂给现代中国人以生活的智慧与启示，而且还与人文精神、浪漫主义等世界范围内的人类精神文明成果脉息相通，遥相辉映。魏晋风度是历史烟尘中走远了的魏晋人写在中华文明史上的灿烂篇章，更是世界文明殿堂里光彩熠熠、引人遐思的宝贵精神财富。

参考文献

1. 班固撰，李贤等注：《后汉书》，中华书局1965年版。

2. 陈寿撰，裴松之注：《三国志》，中华书局1982年版。

3. 房玄龄等撰：《晋书》，中华书局1974年版。

4. 刘义庆撰，徐震堮校笺：《世说新语校笺》，中华书局1984年版。

5. 刘义庆撰，刘孝标注，余嘉锡笺疏：《世说新语笺疏》，中华书局2007年版。

6. 鲁迅：《魏晋风度及文章与药及酒之关系》，载《鲁迅全集》第3卷，人民文学出版社2005年版。

7. 万绳楠整理：《陈寅恪魏晋南北朝史讲演录》，黄山书社1999年版。

8. 刘大杰撰，林东海导读：《魏晋思想论》，上海古籍出版社1998年版。

9. 林语堂：《信仰之旅——论东西方的哲学与宗教》，胡簪云译，新华出版社2002年版。

10. 冯友兰：《论风流》，载《三松堂学术论文集》，北京大学出版社1984年版。

11. 汤用彤撰，汤一介等导读：《魏晋玄学论稿》，上海古籍出版社2001年版。

12. 唐长孺：《读〈桃花源记旁证〉质疑》，载《魏晋南北朝史论丛续编》，三联书店1959年版。

13. 王瑶：《文人与酒》，载《中古文学史论集》，上海古籍出版社1982年版。

14. 田余庆：《东晋门阀政治》，北京大学出版社2005年版。

15. 宗白华：《论〈世说新语〉和晋人的美》，载《美学散步》，上海人民出版社1981年版。

16. 王仲荦：《魏晋南北朝史》下册，上海人民出版社2003年版。

17. 周一良：《两晋南朝的清议》，载《魏晋南北朝史论集续编》，北京大学出版社1991年版。

18. 河满子：《中古文人风采》，上海古籍出版社1993年版。

19. 马宗霍：《书林藻鉴》，文物出版社1984年版。

20. 白化文：《麈尾与魏晋名士清谈》，载《文史知识》1982年第7期。

21. 南怀瑾：《中国佛教发展史略》，复旦大学出版社1996年版。

22. 罗宗强：《魏晋南北朝文学思想史》，中华书局1996年版。

23. 李泽厚：《美的历程》，载《美学三书》，天津社会科学院出版社2003年版。

24. 袁继喜：《六朝美学》，北京大学出版社1989年版。

25. 罗宗强：《玄学与魏晋士人心态》，天津教育出版社2005年版。

26. 余英时：《名教思想与魏晋士风的演变》，载《士与中国文化》，上海人民出版社1988年版。

27. 余敦康：《魏晋玄学史》，北京大学出版社2004年版。

28. 容肇祖：《魏晋的自然主义》，东方出版社1996年版。

29. 贺昌群：《魏晋清谈思想初论》，商务印书馆1999年版。

30. 张可礼：《东晋文艺综合研究》，山东大学出版社2001年版。

31. 蓝旭：《东汉士风与文学》，人民文学出版社2004年版。

32. 唐翼明：《魏晋文学与玄学——唐翼明学术论文集》，长江文艺出版社2004年版。

33. 徐国荣：《玄学和诗学》，中国社会科学出版社2004年版。

34. 李春青：《魏晋清玄》，北京师范大学出版社2009年版。

35. 钱志熙：《魏晋诗歌艺术原论》，北京大学出版社2005年版。

36. 张军：《天下共逐鹿——魏晋南北朝》，陕西人民出版社2007年版。

37. 金性尧主编：《华丽家族的梦魇：两晋南北朝》，中国国际广播出版社2007年版。

38. 李文才：《两晋南北朝十二讲》，中国国际广播出版社2009年版。

39. 伏俊琏：《〈人物志〉译注》，上海古籍出版社2008年版。

40. 孔毅：《魏晋名士》，巴蜀书社1994年版。

41. 韩树峰：《魏晋南北朝顶级文臣》，花山文艺出版社2007年版。

42. 马良怀：《崩溃与重建中的困惑——魏晋风度研究》，中国社会科学出版社1993年版。

43. 傅刚：《魏晋风度》，上海古籍出版社1997年版。

44. 刘宗坤：《觉醒与沉沦——魏晋风度及其文化表现》，大象出版社1997年版。

45. 陈洪：《诗化人生——魏晋风度的魅力》，河北大学出版社2001年版。

46. 冯友兰、李泽厚等著，骆玉明、肖能选编：《魏晋风度二十讲》，华夏出版社2009年版。

图书在版编目（CIP）数据

魏晋风度/周广璜，王萌著.
—济南：山东大学出版社，2012.12
（中国文化读本/宁继鸣主编）
ISBN 978-7-5607-4702-6

Ⅰ.①魏…
Ⅱ.①周… ②王…
Ⅲ.①中国作家-生平事迹-魏晋南北朝时代-通俗读物
Ⅳ.①K825.6-49

中国版本图书馆CIP数据核字（2012）第295611号

策划编辑：刘彤
责任编辑：马银川　董付兰
装祯设计：牛钧

出版发行：山东大学出版社
社址：山东省济南市山大南路20号
邮编：250100
电话：市场部（0531）88364466
经销：山东省新华书店
印刷：济南新先锋彩印有限公司印刷
规格：880毫米×1230毫米　1/24　5印张　65千字
版次：2012年12月第1版
印次：2012年12月第1次印刷
定价：20.00元